统计学的教与学：教课精讲和疑难解答

郭泽英　邰秀军　编著

中国财经出版传媒集团
中国财政经济出版社
·北京·

图书在版编目（CIP）数据

统计学的教与学：教课精讲和疑难解答／郭泽英，邰秀军编著．--北京：中国财政经济出版社，2024.8.
ISBN 978－7－5223－3255－0

Ⅰ. C8

中国国家版本馆 CIP 数据核字第 2024PD3267 号

责任编辑：彭　波　　　　责任印制：史大鹏
封面设计：孙俪铭　　　　责任校对：张　凡

统计学的教与学：教课精讲和疑难解答
TONGJIXUE DE JIAOYUXUE：JIAOKE JINGJIANG HE YINAN JIEDA

中国财政经济出版社 出版

URL：http：//www. cfeph. cn
E－mail：cfeph@ cfeph. cn

社址：北京市海淀区阜成路甲 28 号　邮政编码：100142
营销中心电话：010－88191522
天猫网店：中国财政经济出版社旗舰店
网址：https：//zgczjjcbs. tmall. com
中煤（北京）印务有限公司印刷　各地新华书店经销
成品尺寸：170mm×240mm　16 开　11 印张　150 000 字
2024 年 8 月第 1 版　2024 年 8 月北京第 1 次印刷
定价：68.00 元
ISBN 978－7－5223－3255－0
（图书出现印装问题，本社负责调换，电话：010－88190548）
本社图书质量投诉电话：010－88190744
打击盗版举报热线：010－88191661　QQ：2242791300

前　言

课程是教学体系的基本单位，是人才培养的核心要素，解决的是最根本的问题，更是教育的基本依据，没有好课，所有工作都可能落空。高等学校的课程既是专业知识传播的媒体，更是知识生产和创新的“胚芽”，涉及人和教育的各个方面。高质量的课程不仅关系着学生知识结构体系、思维能力的形成，更关系到学生的成长与成才。因此，立足教学现状，围绕“立德树人”根本宗旨，对标“两性一度”新要求，实现课程教学的高质量发展，是一流课程建设的基本思路，是每一位高校任课教师应当认真面对并认真实施的责任和义务。

我们所处的时代是一个数据无处不在的大数据时代，统计学作为数据科学的重要组成部分，在数据分析中扮演了非常重要的角色。统计学是关于数据收集、整理和分析的方法论科学，是经济管理类专业的基础课程，是许多高校重点建设的一流课程。与此同时，随着信息化和智能化时代的到来，数据渗透于经济社会各个领域，对统计数据分析能力提出了更高的要求，统计学课程也需要与时俱进。

山西师范大学经济与管理专业的统计学课程，设有理论和实验两个环节。该课程团队教师精准把握高等教育新形势，深刻理解一流本科课程“两性一度”的基本原则，认真识变、应变并求变，在充分利用现代信息化技术的基础上，重点抓好课程的教学目标、教学内容、教学模式、课程思政和考核评价五个核心要素，通过课程教学的深入探索与实践，设定了学思结合、细致完整的教学目标，重构了脉络清晰、因时而进的教学内容，设计了“三阶九环”混合式教学模式，融入了元素丰富、方法多样的课程思政，探索了科学合理、全面严谨的考核评价，使“课程难起来、教师强起来、学生忙起来、管理严起来、效果实起来”，达成了价值引领、知识传授、能力培养的有机统一，实现了统计学课程的高质量发展。

为进一步提高教师开展课程教学改革的意识和能力，提升课程教学主渠道的育人成效，山西师范大学经济与管理学院统计学课程团队教师整理了该一流本科课程建设的探索和实践，分别从教学目标、教学内容、教学模式、课程思政、考核评价、建设成效、百问百答进行系统性的总结，并真实呈现教学设计样例、用于学情分析的调查问卷以及最近两学期学生成绩分布的统计分析，目的是为类似课程进行线上线下混合式教学改革提供较为科学和清晰的思路，尝试为相关专业或课程教学改革提供可参考的理论依据和操作方法，对于教师厘清线上线下混合式教学的思路和脉络具有参考意义。百问百答的问题均整理来自教学过程中各班同学提出的普遍存在疑惑、最终解决的问题。笔者负责了全书的审阅与定稿。本书受到2024年山西省高等学校教学改革创新项目（J20240721）、山西省一流课程（K2021113）、山西师范大学2024年研究生课程思政示范课程（2024YJSKCSZSFK－08）资助。

课程教学改革一直在路上，只有“进行时”，没有“完成时”，因此书中总结的有些内容还处于不断完善的过程中，我们将不断反思，持续改进。一切为了学生，为了学生的一切，教师必须付出更多的精力，不断学习、反复研究，并付诸行动。敬请各位读者提出宝贵的意见。

郭泽英

2024年5月27日

目录

第1章

统计学课程建设改革过程

统计学是山西师范大学经济管理专业的专业基础必修课，依托财务管理和经济学两个省级一流专业，面向大二、大三年级开设，课程教学采用混合式教学模式，其中线上学时 20 个、线下学时 44 个，选用中国人民大学出版社出版的贾俊平、何晓群和金勇进三位老师编著的《统计学》（第 8 版）作为教材。课程运用定量分析理论、方法和技术，分析社会经济现象的表现、关系和变化规律，使学生能解释统计思想，会运用数据分析的基本理论、方法，培养学生的数据系统性应用思维，学会用统计方法和数据综合性处理技术，分析和解决社会经济问题。该课程立足师范院校非师范专业特点，以山西省经济社会发展需求为基本导向，着力培养坚定“四个自信”，具有较强专业技术和实践创新能力，适应行业发展需求、德才兼备、坚持辩证唯物主义世界观和社会主义核心价值观的高层次应用型专业人才。该课程的重点是正确辨别、区分和运用推断统计的各个方法，其难点是合理阐释假设检验的基本原理及正确实施验证过程。

近 6 年，统计学课程开设 7 个学期，完成 5 个学期的混合式教学实践，共完成 15 个班、647 人、946 学时的本科教学任务。统计学课程团队现有教师 5 人，其中教授 1 人，副教授 2 人，讲师 2 人，学缘结构合理。

2017 年，统计学课程被立项为校级优质课程建设项目，同年进行课堂实录，尝试建立该课程的网络教学平台，设计评价方案，初步建成校内财务管理专业、经济学专业的统计学慕课。

2019 年，统计学课程总课时由 51 学时调整为 64 学时，其中实验 16 学时。统计学课程坚持 OBE 教学理念，重新修订教学大纲，逐步完善题库、拓展阅读、章节测验等多维教学资源，建立课程 SPOC 平台，实施多种教学方法和手段的融合，探索线上线下相结合的混合式教学模式，申请省级教改项目 1 项，发表教改论文 2 篇。

2020 年，积极参与校外多项课程改革培训，梳理和整合课程内容，录制教学微课及 SPSS 软件操作过程的微视频，扩充题库试题内容和数量，细化章节测验，补充每章学习要点、思维导图等内容，设计多元化评价方式，使用多种现代化信息技术和教学手段，实践混合式教学，发表教改论文1篇。

2021年，继续多方面、多渠道进行课程改革的学习和交流，设计增加课前、课后的学情问卷调查，发现教学中存在的痛点问题；不断改进基于SPOC和翻转课堂的线上线下混合式教学模式，精细设计了“学—教—做—思”一体化混合式教学和系统性耦合案例的“三阶九环”混合式教学模式；优化教学内容的实验环节，根据团队教师科研项目和学生优秀毕业论文，提炼和设计用于课程实验环节的案例，包括融入思政元素的案例背景、案例数据以及用于实验分析的结构性和开放性问题；修正过程性评价的评价量规；顺应大数据分析需求，增加大数据与统计关系的教学内容。同时，收集统计学课程的思政元素。2021年，申报省级教改项目1项、省级社会经济统计课题1项，出版普通高等学校“十三五”规划教材一部，该课程被认定为山西省混合式一流课程。

2022年，深入挖掘课程思政元素，研究多样化的课程思政教学方法，进一步细化和完善教学大纲，制订课程思政教学目标，在教学大纲中充分明确各章的思政元素；同时继续充实课程SPOC平台的各章文献阅读资料、题库、学生优秀实验报告等；在任课班级中成立“不约而统”统计学兴趣小组，并与兴趣小组共同设计了“思统小课堂”环节，在这个环节添加了学生自编、自导、自演的“思统小视频”，视频内容在学习通、学银在线以及哔哩哔哩平台分别展示。同时，教师积极参与校级、省级教学创新大赛，分别获得山西省普通高等学校课程思政教学设计大赛二等奖、全国第二届高校教师教学创新大赛山西赛区三等奖、校级第二届教学创新大赛一等奖。团队教师被山西省教授协会授予“教学名师”，获得山西省第十二次社会科学研究优秀成果二等奖。课程被学校立项为校级课程思政示范课。发表教改论文1篇。

2023年，重新修订教学大纲，完善大数据相关内容，继续整理用于实验分析的实际案例2个，结合新的案例录制用于系统性实验环节的软件操作视频 5 个，发表教改论文 2 篇，并获得山西省教学成果一等奖。

2024 年，在教育数字化转型大背景下，以教师数字素养发展为抓手，积极参加各类数字教育的相关培训和学习，基于 ChatGLM 大语言模型研究利用 AI 功能构建全新的教学应用场，探索数字赋能教学的教学新形态转型。

目前，课程教学 SPOC 平台共有教学微视频 76 个，视频总时长 678 分钟；测验和作业习题 919 道，考试试题 89 题；音频 5 个，图片 42 个。文档 232 个，引用 CSSCI 文献 44 篇及上海立信会计金融学院统计学国家一流课程教学视频 9 个。学生优秀的实验报告 58 篇、思维导图 38 幅和思统小视频 15 个。丰富的统计学多维网络教学资源使学习者能人人皆学，处处能学，时时可学。课程链接网址为 https：//www. xueyinonline. com/detail/240861227。

综上所述，统计学课程改革建设过程中，团队教师能根据学情，及时发现教学中存在的痛点问题，基于建构主义理论，遵循 OBE 教育理念，探索和实践改进措施。教学中，能按照教学目标和规范的教学计划与要求，为学生提供测验、答疑、讨论、实验报告展示和答辩等多个教学活动，及时开展指导与测评，及时对课程内容进行更新与完善，持续为学生提供有效的教学服务。课程内容和教学设计能反映学科最新发展成果和教改教研成果。教学设计遵循教育规律，体现现代教育理念，始终坚持以学生为中心，充分发挥教师主导、学生主体的作用，有效提升学生的综合素养。现将统计学课程在教学目标设定、教学模式设计、教学内容重塑、课程思政融入、考核评价探索的实践情况进行总结，以供大家参考。

第2章

教学目标

教学目标是指教学主体通过具体教学活动能预期实现的、可以通过一定手段测度的结果或标准。本质上教学目标反映的是教学活动结束后学生内部心理结构变化的学习结果，是课堂教育教学的核心。从某种程度上可以说，课堂教学都是围绕着教学目标展开的，教学目标是进行教学设计、组织教学活动、展开教学评价的基点[1]，在整个教学过程中占据支配地位。正如有学者所指出的，“对教学目标的研究是教学设计研究的起点问题，是统率整个教学活动设计的目标指向和教学活动的落脚点”[2]。没有目标的教学是盲目教学，没有价值的教学目标更是有害的。

2.1　存在的问题

教学目标设计的好坏将直接影响着教学的有效性和学生学习的积极性。但是，在实际教学中，很多老师不是很了解自身所在学校的办学定位，不太清楚各自专业的培养目标和毕业要求，很多时候制订教学目标只是简单地参考其他学校、专业的目标内容，甚至是直接复制粘贴过来，实行“拿来主义”。即使有些老师清楚学校和专业的培养目标，但是依然存在偏离目标定位、忽视能力培养的问题。

2.1.1　教学目标以课程为中心，忽视学生主体需求

统计学课程是经济与管理类的基础课程，在传统教学模式的影响下，有一些教师过分地重视统计学科本身的内容，往往不自觉地从学科的角度、从教师的视角制订统计学课程的教学目标，偏离了教学目标的行为主体即学生[3]。对于学生真正需要什么、制订的教学目标对学生毕业要求有什么贡献、与学校办学定位和人才培养目标有什么关联全然没有考虑或者不知道怎么考虑，导致学生不能真正理解统计学课程的重要性，

在学习过程中不知道为什么学、学什么以及要怎样学[4]，出现了“为修学分而学习”的无奈。但是不同高校由于自身办学定位不同，学科专业发展不同，以及服务面向、师资生源等方面存在差异，确定的人才培养目标也各不一样。同时，课程的学习效果与学生的学习态度是紧密相连的，学生的学习态度越积极，其学习就越认真，也就会按照教师的教学安排有质有量地完成各项学习任务，并会主动寻找机会锻炼与提升自我，从而实现教学目标；反之，学生的学习效果则不容乐观。学生正确的学习态度来自对课程的正确定位和认识。因此，只有把统计学课程的教学目标与学生的切实需求紧密相连，使学生认识到统计学课程不仅是其专业的基础，而且是未来职业素养必不可少的要素。只有这样，学生才能正确处理好统计学课程与其他专业课程的关系，把统计学课程放在与专业课同等的重要位置。

2.1.2 教学目标以知识为中心，忽视学生能力培养

统计学是经管类的专业基础课，因此很多老师仅仅将其作为一门数学类课程进行讲授，具体表现为统计学课程的教学目标以统计学的思想、方法为中心，重视传授学科知识，但是对于通过本课程的学习，希望培养学生的哪些能力、训练学生的哪些思维以满足行业需求和社会需求，教学目标中的要求都比较模糊，教学目标依然采用“了解”“理解”“掌握”等不具体、不可操作的行为动词。教学目标定位得不准确，不能真正地指导教学，导致在教学过程中往往注重知识的传授而轻视学生能力的培养，不能为课堂教学活动的展开提供具体的方向和指南，教学活动和教学目标无法实现对接，教学评价也缺乏相应的抓手。学生在学习课程后熟记了诸多统计思想和方法要点，却很难有效地解决现实的社会经济问题，一旦毕业后进入工作岗位，通常需要很长时间去适应或者很难适应[4]。

2.2 理论分析

美国教育心理学家布鲁姆（B. Bloom）1956 年首创“教育目标分类学”[4]，创建的主要目的是建构一个能够详细叙述不同水平认知能力的分类系统，此分类系统不只是一套工具，也是撰写学习目标的共同语言。该分类系统将认知领域的教育目标分为 6 种类型，从低到高依次为“知道（知识）—领会（理解）—应用—分析—综合—评价”[5]。

知道（知识）是指认识并记忆。这一层次所涉及的是具体知识或抽象知识的辨认。这种知识是特定知识，如术语和事实；一般或抽象的知识为原理、理论、知识框架等。与这一层次目标相关的概念如回忆、记忆、识别、列表、定义、陈述、呈现等。

领会是指对事物初步的领会，不要求深刻的领会。其包括：（1）转换：用自己的话或用与原先的表达方式不同的方式表达自己的思想；（2）解释：对一项信息加以说明或概述；（3）推断：估计将来的趋势或后果。与此目标相关的概念如说明、识别、描述、解释、区别、重述、归纳、比较等。

应用是对所学习的概念、法则、原理的运用。这里所说的应用是初步的直接应用，而不是全面地、通过分析、综合地运用知识。与此目标相关的概念如应用、论证、操作、实践、分类、举例说明、解决等。

分析是指把材料分解成它的组成要素部分，从而使各概念间的相互关系更加明确，材料的组织结构更为清晰，详细地阐明基础理论和基本原理。与此目标相关的概念如分析、检查、实验、组织、对比、比较、辨别、区别等。

综合是以分析为基础，全面加工已分解的各要素，并再次把它们按要求重新组合成整体，以便综合地创造性地解决问题。与此目标相关的概念如组成、建立、设计、开发、计划、支持、系统化等。

评价是认知领域里教育目标的最高层次。其要求不是凭借直观的感受或观察的现象作出评判，而是理性地、深刻地对事物本质的价值作出有说服力的判断，综合内在与外在的资料、信息，作出符合客观事实的推断。

心理学家布鲁姆的“教育目标分类学”为统计学课程教学目标的设计提供了合理的理论基础，对认知领域的6种分类更为统计学课程教学目标明确了清晰的定位标准。布鲁姆的理论以培养学习者的核心素养为导向[6]，以上述6种类型的教学目标辐射学习的全过程，向教学者清晰地展示出教学的每一阶段所面临的问题与期望达成的目标，对统计学课程的教学改革与实践具有深刻的指导意义。

2.3 教学实践

统计学课程是山西师范大学经管类专业的专业基础课，对于师范院校的非师范类专业，学校的专业培养目标是“培养具有综合性师范大学文化底蕴、较强专业技术和实践创新能力，适应经济社会发展需求和行业发展的高层次应用型专业人才”。团队教师在统计学课程的教学实践中，反复领会学校和专业的培养目标以及对学生的毕业要求，深刻领会心理学家布鲁姆关于认知能力的分类，深度思考该课程严谨性、实践性的特点，充分考虑学生的主体需求，重视学生创新能力和高阶思维的培养，完全避免教学目标机械化、应试主义的倾向以及针对性不强的问题，结合教材内容，对教学目标重新精准定位。统计学课程核心素养和布鲁姆认知能力的对应关系如表2－1所示。

表2－1中，核心素养对应山西师范大学经济与管理类专业五个方面的毕业要求。目标描述中，关于工具知识对应知识目标，高阶思维、科学探究以及团队协作、沟通交流对应能力目标，最后的道德素养对应素质目标。并且，高阶思维体现了课程的高阶性，科学探究体现了课程的创新性和挑战度。根据以上对标内容，统计学课程的学习目标整理为以下内容。

表 2-1 统计学课程核心素养与布鲁姆认知能力的对应关系

核心素养	目标描述	认知能力
工具知识	阐释描述统计和推断统计的基本思想、基本方法	理解
	归纳概率论、数据科学等统计学关联知识	理解
	能够阐述统计分析各方法之间的区别和联系	应用
高阶思维	基于描述统计、推断统计方法设计系统性分析过程	分析
	能交叉实践统计学的经济应用、社会应用、科学应用	分析
科学探究 团队协作 沟通交流	能分析事实和结论，提出可探究的问题，做出有依据的假设	分析
	能制订科学的探究方案，选用适当的方法收集处理数据	分析
	会系统分析数据，发现规律，形成结论，并进行解释	评价
	能撰写完善的分析报告，对分析过程和软件输出结果进行讨论和交流	评价
道德素养	能够自主学习、合作学习，勇于探索、积极实践，坚持实事求是、严谨认真；能够领悟优秀统计学家的爱国情怀	评价

知识目标：通过深度领悟描述统计、推断统计、各种推断统计方法和系统统计分析过程等统计学核心知识，熟练归纳概率论、数据科学等统计学关联知识，广泛探索统计学的经济应用、社会应用、科学应用等交叉实践知识，构建“三维知识网”。

能力目标：通过识别统计问题、收集处理数据、确定统计方法并设计系统分析过程、运用统计软件进行分析并合理解读结果、回归解答实践问题五个环节打造应用统计能力的“五环能力链”。

素质目标：通过统计学家的故事、统计公报、国民经济宏观数据及其分析、科研项目提炼的案例等塑造有实事求是精神、有评判创新思维、有统计敏感性、有爱国主义精神的“四有统计新人”。

教学目标整体强化高阶性，学思结合，知行统一，并做到清晰具体，易于理解，便于实施，行为动词使用正确，阐述规范。教学目标既是教学的起点，也是检验教学效果的重要指标，决定着带领学生从哪里走以及走到哪里，它引领着教学的全过程，起着至关重要的作用。在教学中，关于统计思想和方法的内容可以进行显性教育，明确指出统计思想方法的名称，揭示统计思想和方法的形式和内涵，说明统计方法的使用条件，让学生在学习过程中有章可循。以此为思路，团队教师借助“超星学习通”平台发布录制的章节视频，鼓励学生自主课前预习，在既定教学目标的指引下提前了解所学知识。此外，在进行统计思想和方法教学时，不急于求成，在知识传授与实验过程中不断地渗透。因为学生只有对统计思想和方法不断了解和积累，才能产生一种利用统计思想和方法获取认知的心理定势，从而提升其学习效率。在课中与课后，教师还结合团队实际科研项目的背景和数据，创设真实的问题情境，调动学生学习积极性，锻炼其面对真实情境的应变能力。例如，以小组合作实验报告撰写的形式，来培养学生直面现实问题时能够自觉运用统计学思维、方法以创新问题解决方式的能力，引导学生将掌握的知识创造性转化、创新性发展，以理论研究为武器，最终指向现实世界。这种教学方式实际上重在强化训练统计思想和方法的思维方式和敏感度，即当学生具有对问题的敏感性时，就能够运用统计思想和方法迅速抓住实际问题的要领，找出系统解决问题的最佳思路，不仅重视了学生的主体需求和能力培养，也有效提升了学生的学科素养。

参考文献

［1］郭桂周，肖白云，柳晓钰．基于学科核心素养的物理教学目标设计：问题、原理与模式［J］．天津师范大学学报（基础教育版），2022（5）：47－52.

［2］马愿愿，许华，王伟等．基于学科核心素养的化学教学目标生成研究［J］．天津师范大学学报（基础教育版），2019，20（4）：51.

［3］冯英．OBE 理念下工科高等院校人文通识课程教学目标的设计与制定［J］．黑龙江教师发展学院学报，2021（6）：33－35.

［4］黄永辉，张俊超，王君．基于 OBE 的教学目标编写的现实问题与科学改进［J］．黑龙江高教研究，2022（5）：27－31.

［5］施良方，张云高译．［美］D. R. 克拉斯沃尔，B. S. 布鲁姆等编．教育目标分类学（第二分册）情感领域［M］．上海：华东师范大学出版社，1989．

［6］王敏．基于布鲁姆教育目标分类学的混合式教学设计研究——以信息技术课程为例［J］．电脑知识与技术，2023，19（25）：159－162．

第3章

教学内容

教学内容是指“教学过程中同师生发生交互作用、服务于教学目的达成的动态生成的素材及信息”[1]，是教师实施课堂教学的基础。教学内容的内涵不仅决定了教学内容的功能不只是传授知识，而且体现在学生能力方面和素质方面的养成与提升。教学内容的选择取舍与学生学习深入的程度息息相关。经过合理选择和精心凝练的教学内容有助于学生深刻理解教学内容所表达的观点，也有助于对课堂教学的构建[2]。

作为数据收集、整理、处理与分析的方法论科学，统计学是经济管理类专业的专业基础课程，是许多高等学校重点建设的一流课程，这就对统计学课程提出了新的要求。与此同时，随着信息化、智能化时代的到来，数据渗透于经济社会的各个领域，“大数据”的风靡对统计数据的分析能力提出了更高的要求，也因此对传统统计学科造成了威胁，下沉到高校基础课程的教学中，提出的首要问题就是要求统计学课程与时俱进，在专注于理论知识的教授时，更多地应注重学生的统计思维培养，帮助人类在智能化时代实现自身一定程度的不可替代性。

3.1　存在的问题

教学内容是课程建设的根本，牵动课程教学模式、教学方法等各方面的改革与建设。基于人才培养需求进行教学内容的设计和重构，是教学目标达成的前提条件，其本质是对各种资源的优化配置，形成符合学习者需求特点的教学内容格局。教学内容的组织和设计有很多的方法、思路，不同的教师对教材的解读具有差异，对教学职责的认识也不同，这样就会形成不同的教学内容设计。统计学课程具有内容多、应用范围广、实践性强的特点。目前，在教学中普遍存在各部分教学内容的设计缺少有机联系、理论教学与实践教学衔接不好等问题。

3.1.1 教学内容以统计知识为中心，忽视各内容之间的串联与递进

现有统计学课程的第一章都会介绍统计学的两大基本方法，即描述统计方法和推断统计方法。之后就会介绍图表展示及统计量的描述，以及参数估计、假设检验、分类数据分析、方差分析、相关分析、回归分析等多种方法。至于哪些方法属于描述统计方法范畴、哪些属于推断统计方法范畴，教材中并没有明确的指明和划分。如果教师在教学过程中也没有清晰说明的话，学生一定是学得云里雾里，不清楚这些内容之间究竟有什么联系，也不明白描述统计方法和推断统计方法之间又有如何的联系和区别。如果学生在课下疏于对知识点的整理和理解，则会导致学生的学习效果不佳。再加上，统计学与先修课程，即概率论与数理统计内容有交叉，学生有时很难快速适应转变过来，学生就会感觉内容比较杂、比较乱、比较多，不知道内在的逻辑是什么。同时，现有教材中各个知识点的案例或例题的数据都是经过处理的、相互独立的[3]，仅仅针对本章或本节知识点设计，例题或案例之间没有体现一定的串联性与递进性，从而造成学生对知识点的应用是零散状态的，对理论知识的掌握仍然具有碎片化的特点，缺乏对知识的整体性认识，未能对整体知识框架形成清晰的脉络。当学生面对复杂多变的实际社会经济问题时，往往很难从所学的知识中找到解决问题的有效途径。这些最终导致学生学习主动性欠缺，学习效果不理想，从而产生学习的畏难情绪，使统计学课程的“教”和“学”都不能实现预期的教学目的。

3.1.2 教学内容以统计理论为中心，忽视与现实问题的结合与操作

山西师范大学经济管理类专业的培养目标中，要求学生在毕业时能够

系统掌握从事专业工作所需的统计学、计算机应用及管理学等方面的理论知识与方法，能够将相关知识用于解决社会经济实践问题。统计学课程以统计学原理为基础，教学内容多聚焦于讲授传统和经典的统计数据收集、整理、分析的理论与方法，具有概念和原理抽象、公式复杂和逻辑性较强的特点。尽管专业培养目标、毕业要求对学生能力的培养提出了高要求，但是在教学过程中，一方面，教师侧重于抽象理论方法的传授，学生在课程学习后确实记住了诸多的理论知识和方法要点，但是现有教学内容及实验动手能力的改革滞后，并没有在实际教学上很好地引导学生如何运用软件去实现统计分析的过程，这样的教学不仅对学生需求、行业需求、社会需求的关注度不够，而且使学生失去学习的兴趣，学生应用知识及创新能力均未能得到较好的启发和锻炼；另一方面，教学中的数据没有及时的更新，多数案例没有背景知识，案例涉及的内容不能很好地与经济管理类专业结合，较少涉及热点或企业经营方面的问题，很难体现教学内容的前沿性与时代性，很难培养学生解决现实社会经济复杂问题的综合能力和高级思维。因此，常常出现学生高分低能的现象。此外，传统教材几乎未涉及关于大数据统计分析的相关内容。

3.2 理论分析

教学内容不只是知识的传递，育人和训练学生思维也是教学内容的重要功能。建构主义认为“教学内容与学习者之间的核心关系是通过教学内容的学习和研讨，逐渐构建起学习者自己的知识体系、能力体系和情感体系”。教学内容体系的构建必须有利于学习者能通过学习提高自身的知识素养和自我持续学习的能力，而这些提升会使每一位学习者受用终身。学生作为学校里的学习者，其知识体系、能力体系和情感体系的建构基础就是教学内容，而教学内容是达成教学目标的核心，是提高课堂教学效果的关键，因此课堂教学的本质就是选择合适的教学内容。教师对教材内容的组织和设计是课程转化的关键，不同教师可以根据个人的情况适当加工教材的内容，但是这种加工必须遵循课程逻辑的“隐形跑道”，这样才能使教学内容成为课程逻辑的具体推进或体现，最终实现课程的教学目标。

首先，教学内容一定要遵循课程的逻辑进行选择和一定的补充。实际上，教学内容由教材原有知识和教师自行补充的内容共同构成，前者是教学内容的主要构成部分，但是教材的编排和编写往往受到各种因素限制，其内容并不一定完全符合学科知识的逻辑[4]；更重要的是，完全依靠教材内容而设计出的教学活动相对死板、教条，虽然保留了教学的普适性，但会使教学的时效性、发展性、开放性缺位，阻碍教学目标的达成。此时，教师对于教材内容的“差异化取舍”[5]就显得格外重要。教师在组织设计教学内容时必须将课本知识与教师的延伸拓展统筹起来，在基于课标、根据学情的前提下有的放矢地对教材内容进行合理的加工和重构[6]，将“求同”和“求异”结合起来，适当对原有知识进行纵向延伸或横向拓展特定知识，通过对教材内容进行剪裁和拓展，使课程内容的知识更完整或更系统。

其次，课程教学内容的单元要依据课程的逻辑规划。教师设计课堂教学活动要按照从核心素养到学科素养，再从学科素养到单元设计、课时计划的流程来思考设计。由于教材中的知识内容相对分散，加之学科知识的难易程度不同以及其中逻辑关系的差异，因此从落实学科素养的目的出发，教师在课堂教学之前应尽可能地对课本内容重新进行规划和整合，把同类、接近或者有逻辑关系的知识划分成不同的模块或单元，在各个内容单元的框架下进行系统化教学，以结构化形式展开单元化教学[7]，避免课堂教学内容的碎片化，以学科逻辑和实践逻辑相统一、理论教学与生活关切相结合的方式，叩响深度学习模式的大门[5]。

最后，教学内容的结构要根据课程的逻辑来搭建[4]。结构化知识是基础知识存在的一种基本形态，知识的结构化能强化知识的整体性，也是学生能力形成的基础。教师对教学内容的结构越清晰，就越有利于学生建构知识体系，越有助于学生知识的积累和思维能力的发展。所谓结构化内容是指建立教学内容的结构性的联系，以合理的方式建立新旧知识、新知识各构成部分以及新知识与学生经历之间的关联，使调整后的教学内容建构成一个内在联系的整体。因此，教师在教学实践过程中要把课程逻辑作为实践选择的标准，根据课程逻辑决定取舍教材内容和补充内容，凡是与课程逻辑无关的内容都可以舍弃，反之，凡是符合课程逻辑的内容都要体现在知识结构中，最终实现课程教学目标。结构化教学内容要按照一定逻辑顺序排列，或并列，或串联，或递进，或从例证到结论，或从理论到现实，内容的逻辑顺序既要符合学生的认知规律，也要符合各个知识点的内在关系。即，需要按照一定逻辑顺序来建构知识结构。统计学课程组按照建构主义理论的基本思想，根据知识的内在逻辑以及学生的认知规律，重构教学内容，多路径设计和实践教学。

3.3 教学实践

2019年10月30日，教育部发布了《关于一流本科课程建设的实施意见》，该意见中就一流课程提出“两性一度”的标准，即提升高阶性，突出创新性，增加挑战度[8]。其中，突出创新性明确课程内容要体现前沿性和时代性，要及时将学术研究、科技发展前沿的成果引入课程。统计学课程组认真领会教育部关于一流课程建设的实施意见，反复研讨教材内容，本着科学性、应用性和系统性原则，对教材内容进行再选择和再加工，合理组织和设计课程逻辑，进行“一主线、三模块”的知识内容整合、建立“立体化、多元化”的线上学习资源、实施“多学科、研究型”的案例系统实践，并从“聚前沿重交叉”多路径开展理论教学，从“一案例五翻转”全方位实施实验教学，有效解决统计学课程中忽视内容间的串联、递进以及与现实问题割裂的现状。具体课程教学内容及其安排如表 3－1 所示。

表 3－1　　统计学教学内容模块划分及内容安排

教材章节	主要教学内容
模块 1　基础知识	
第 1 章	1. 统计及其应用领域
	2. 统计数据的类型
	3. 统计中的几个基本概念
第 2 章	1. 数据的来源
	2. 调查方法
	3. 数据的误差
模块 2　描述统计	
第 3 章	1. 集中趋势的度量
	2. 离散程度的度量
	3. 分布形状的度量
第 4 章	1. 分类数据的整理与展示
	2. 数值数据的整理与展示
翻转课堂 1	案例 A 的描述统计方法的实验报告展示与答辩
模块 3　推断统计	
模块 3.1　推断统计基础	
第 5 章	1. 离散型随机变量及其分布
	2. 连续型随机变量及其分布
	3. 中心极限定理
	4. 正态分布导出的重要分布
第 6 章	1. 参数估计的基本原理
	2. 一个、两个总体参数的区间估计
第 7 章	1. 假设检验的基本问题
	2. 一个、两个总体参数的检验
模块 3.2　推断统计方法	
翻转课堂 2	案例 A 的均值比较方法的实验报告展示与答辩
第 8 章	1. 拟合优度检验
	2. 列联表分析法：独立性检验
	3. 列联表中的相关测量

续表

教材章节	主要教学内容
第 9 章	1. 单因素方差分析
	2. 双因素方差分析
翻转课堂 3	案例 A 的列联表及方差分析方法的实验报告展示与答辩
第 10 章	1. Pearson 相关系数分析方法
	2. 一元线性回归
	3. 多元线性回归
翻转课堂 4	案例 A 的相关系数及回归分析方法的实验报告展示与答辩
翻转课堂 5	案例 A 的系统性统计分析的成果汇报与答辩
第 11 章	大数据与统计分析

进行“一主线、三模块”的知识内容整合，即在新文科背景下，以统计方法为主线，将统计学课程内容整合为循序渐进的三大模块（见表 3－1），即基础知识、描述统计、推断统计，明确知识的有机联系，选择取舍有关教学内容，实现了统计学课程各内容之间的串联与递进。统计学课程采用的是中国人民大学出版社出版的贾俊平、何晓群等三位老师编著的第 8 版统计学教材。该教材包括统计学及其基本概念、数据的收集、数据的概括性度量、数据的图表展示以及参数估计、假设检验、分类数据分析、方差分析、回归分析、时间序列分析和指数。考虑该课程课时数的限制以及与后续课程部分内容的交叉，对该教材的时间序列分析和指数部分不做讲解，同时增加 CSSCI 论文以明确各推断统计方法的使用条件、添加大数据与统计分析的章节内容。课程团队梳理课程的逻辑主线，对取舍后的内容进行了精细科学的重构，不仅重视模块内各个知识点的学习，也重视模块之间知识点的联系和逻辑。逻辑顺序符合学生的认知规律；每个模块里都有具体的知识点，各个知识点之间既相互独立，又有清晰的逻辑关系。在这里要强调的是，统计教学中融入大数据的相关内容，不仅能在教学中起到延伸拓展统计方法的作用，促使学生更深层次思考统计问题，而且能引领学生紧跟时代发展的步伐，培养学生勇于创新、大胆质疑的精神，从而实现育人目的。教师在给学生讲授大数据内容时，不仅需要自身具有过硬的大

数据专业知识，而且要会引导学生在统计学基础上更进一步理解大数据的统计思想。虽然在课堂上教授的统计学知识对大数据的应用不是很适用，但是不能因此抛弃统计学的思想和基础方法，要引导学生思考、发现统计学和大数据之间的异同，让学生思考当下关于大数据的热点问题。在课程平台上，可以给学生提供大数据的相关材料方便学生进一步拓展阅读。

建立“立体化、多元化”的线上学习资源，即结合统计学的基础知识和基本方法，在课程教学 SPOC 平台发布团队教师自己录制的教学微视频 67 个、引用上海立信会计金融学院统计学国家一流课程教学视频 9 个，视频总时长 678 分钟；测验和作业习题 919 道，考试试题 89 题；音频 5 个，图片 42 个。文档 232 个，包括教师自己编著的教材《统计分析方法与结果解读——基于 CSSCI 期刊 14 篇论文精讲》，并引用 CSSCI 文献 44 篇。课程平台还有学生优秀的实验报告 58 篇、优秀的思维导图 38 幅。广泛收集和挖掘课程思政素材，在探索知识传授和能力培养的同时，强调价值观的同频共振，将立德树人内化为课程内容。目前，以视频、案例、名言警句等多样化形式有机融入课程思政元素和案例 14 个，“思统小课堂”栏目上传学生以小组为单位自编自导自演自剪辑的多主题的优秀“思统小视频”15 个。通过以上教学内容的学习和研讨，逐渐构建起了学生自己的知识体系、能力体系和情感体系。丰富的统计学多维网络教学资源使学习者能人人皆学，处处能学，时时可学。

实施“多学科、研究型”的案例系统实践，即，在多年教学实践积累的基础上，充分融合团队成员各自科研方向的专业结合点，基于科教融合理念，从教师各研究方向的科研项目、学生优秀的毕业论文、学生参加的各类学术创意大赛项目中，提炼并设计了 7 个用于系统性实验分析的案例及其 92 个研究型问题（其中一个案例的相关内容见表 3 - 2），并将案例的研究背景、研究意义、研究目的、调查问卷、大样本原始数据或二手数据以及团队教师已经发表的相关论文都发布在课程 SPOC 平台，并在学期开课一周后陆续发布，方便学生随时查看、随时下载和熟悉。案例教学让学生在独立思考的基础上以稳定、规律的理论知识，抽丝剥茧地探索着当今丰富的时代，在学生们心中“激起千层浪”，引导其在自主实践中接近、触碰、思考、感悟真实的世界。通过案例的系统性实践，增加多学科思维融合及内容高阶性，加强了学生的研究型学习。

表3-2　案例7“政府补助、研发投入与企业ESG表现”的实验内容

<table>
<tr><td>案例背景</td><td>近年来，由于生态文明建设成为国家战略重点发展对象，ESG作为一个与可持续发展理念紧密相关的企业综合表现评价指标，成为许多学者学术研究的青睐对象；党的二十大的召开使中国式现代化成为举国追逐的宏伟蓝图，ESG风头更盛。研究表明，良好的企业ESG表现具有正外部性，可以降低企业融资成本、降低企业风险和提升企业价值。而于我国企业而言，在政策支持与全球经济、生态严峻形势双管齐下的情况下更应注重ESG绩效的提高，从而在提升自身价值的同时保障经济的高质量发展。由于我国对ESG的研究起步较晚，少有学者从政府层面考虑ESG的影响因素，涉及新能源领域的研究部分也较稀少，因此，为研究在新能源行业中，政府补助、研发投入与企业ESG表现的作用机理，以同花顺概念板块为分类依据，选取2015—2022年中国深市、沪市A股主板上市的新能源领域相关企业为研究样本，并对相关数据做出以下筛选：（1）剔除样本中的数据异常值；（2）剔除回归变量的缺失值，最终得到501个企业共4008个样本值。研究所需的华证指数ESG评级数据来源于Wind数据库，政府补助金额和研发投入金额来源于CSMAR企业数据库，其他变量的数据均来源于CNRDS数据库。相关变量定义如表1所示。

表1　变量定义
<table>
<tr><th>变量类型</th><th>变量名称</th><th>符号</th><th>变量定义</th></tr>
<tr><td>被解释变量</td><td>企业ESG表现</td><td>ESG</td><td>根据华证ESG评价体系由低到高依次赋值为1~9</td></tr>
<tr><td>解释变量</td><td>政府补助</td><td>Sub</td><td>公司政府补助加1取自然对数</td></tr>
<tr><td>中介变量</td><td>企业研发投入</td><td>Rd</td><td>公司研发投入加1取自然对数</td></tr>
<tr><td rowspan="7">控制变量</td><td>净资产收益率</td><td>Roe</td><td>净利润/股东权益平均总额</td></tr>
<tr><td>资产报酬率</td><td>Roa</td><td>公司净利润/总资产</td></tr>
<tr><td>高管薪酬激励</td><td>Pay</td><td>薪酬最高前三名高管薪酬之和取自然对数</td></tr>
<tr><td>独立董事占比</td><td>Indr</td><td>独立董事人数/董事会总人数</td></tr>
<tr><td>股权性质</td><td>Soe</td><td>虚拟变量，国有企业为1，否则为0</td></tr>
<tr><td>两职兼任</td><td>Dual</td><td>虚拟变量，当董事长与总经理两职兼任时取值为1，否则取值为0</td></tr>
<tr><td>审计意见</td><td>Opinion</td><td>虚拟变量，当年审计意见为标准无保留意见时取值为1，否则取值为0</td></tr>
</table>
</td></tr>
</table>

续表

实验	实验目的	实验要求	实验内容
实验1：案例7的描述性统计分析	1. 会用SPSS软件计算概括性度量指标、制作频数分布表以及绘制统计图。 2. 合理设计图表，并对图表内容进行合理分析	以小组为单位利用数据进行相关操作，注意相关步骤、结果分析及相关结论	1. 试计算表1中数值变量的度量指标（至少包括平均值、标准差、中位数、最小值、最大值），将各指标展示在设计好的表格里，并对表格的内容进行一定的描述性分析。 2. 从表1中选择2~3个变量，绘制相关图形，图形至少包括散点图以及直方图，然后对绘制的图形进行相应的描述分析
实验2：案例7的均值比较分析	1. 会用SPSS软件进行假设检验具体操作。 2. 对输出结果进行合理展示与正确解读，能结合实际问题进行合理的分析	以小组为单位利用数据进行相关操作，注意相关步骤、结果分析及相关结论	1. 有人声称，企业ESG表现评分达到3分以上，试根据调查数据以95%的置信区间检验该看法是否正确。 2. 试根据数据检验股权性质对政府补助是否有显著的差异？（从两个总体均值差的检验考虑） 3. 请同学们设计关于企业ESG表现与政府补助的假设检验问题一个，并完成假设检验
实验3：案例7的列联表及方差分析	1. 会用SPSS软件进行列联分析和方差分析具体操作。 2. 对输出结果进行合理展示与正确解读，能结合实际问题进行合理分析	以小组为单位利用数据进行相关操作，注意相关步骤、结果分析及相关结论	1. 试检验股权性质与企业ESG表现是否有关？ 2. 某调查员比较关注新能源汽车行业、风电行业和氢能源行业三个门类行业，试分析这三个门类行业的政府补助是否有显著差异？ 3. 试分析股权性质和两职兼任对政府补助是否有显著影响？（行业关注新能源汽车行业、风电行业和氢能源行业这三个行业）
实验4：案例7的相关及多元线性回归分析	1. 会用SPSS软件进行相关和多元线性回归分析的具体操作。 2. 对输出结果进行合理展示恰当解读，能结合实际问题进行合理分析	以小组为单位利用数据进行相关操作，注意相关步骤、结果分析及相关结论	1. 计算政府补助与企业研发投入之间的相关系数并检验。 2. 在第1问的基础上，以企业研发投入为因变量，建立一元线性回归方程，并解释其经济意义。 3. 尝试自己选择一组变量进行多元线性回归分析，并对回归结果进行一定的解释
实验5：案例7的系统性统计分析	根据教师提供的实验报告5模板及其目录，完成各部分内容	以小组为单位利用数据进行相关操作，注意相关步骤、结果分析及相关结论	结合案例数据，仿照视频中的小论文，自行确定研究问题和变量，完成类似×××、××××对××××的影响研究

注：案例数据于实验前发布在课程平台的“资料”里。

“聚前沿重交叉”多路径开展理论教学，即以课程整合的基础知识、描述统计、推断统计三大模块为基础，在理论教学中，结合从教师的最新科研项目中提炼的“城市密度对城镇居民人均可支配收入的影响”“基于民族视角研究黄土高原生态移民生计恢复”“政府补助、研发投入与企业ESG表现”等多个动态增加的案例，并结合CSSCI论文讲解各个统计方法的应用和结果的合理解读，从多个路径和角度密切聚焦学科前沿，而且充分体现学科知识的交叉。

“一案例五翻转”全方位实施实验教学，即根据案例的各阶段实验及学生能力培养的设计如图3-1所示。

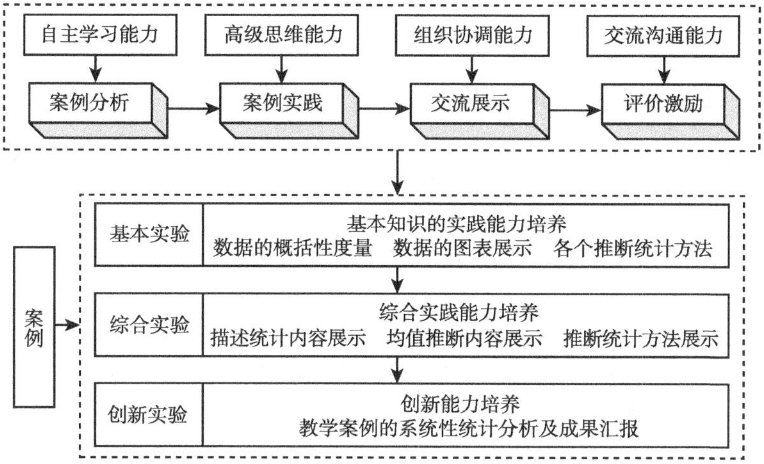

图3-1 基于案例的各阶段实验及其能力培养的设计

基于提炼的案例，每个专业每个学期的统计学课程都围绕同一个案例进行，如表3-1所示的案例A，根据每个模块的内容，围绕同一个案例分别设计结构型、开放型的实验问题，在每个模块理论讲授完，随即让学生以小组为单位进行案例A的实验、汇报与答辩。基于CBL、TBL、PBL，每次的实验让学生进行充分讨论和动手操作，通过翻转课堂充分展示实验报告的内容和评价与被评价。学生对统计分析应用能力的培养不能仅靠原理和思想的学习，必须配合一系列的动手实践将所学知识内化于己，成为个人知识体系中的一部分。因此，教学内容中需要有一定比例的实际案例分析，通过实验教学加强学生知识的内化。在课中、课后阶段，主要围绕案例开展教学活动。上述内容的安排是细化、创新化的教学内容在课中、课后实践的操作，避免了课程简单地铺陈知识，做到了教学内容从简单到复杂、从单一到立体的结构链呈现，整个课程结构完整而富有层次性的内容，突出了课程的重点和难点，让课程引导学生思维前行。

参考文献

[1] 赖绍聪．论课堂教学内容的合理选择与有效凝练［J］．中国大学教学，2019（3）：54－58，75．

[2] 戴竹君，姚圆．大学课堂教学内容的构建与有效生成策略探究［J］．吉林省教育学院学报，2022，38（9）：65－68．

[3] 郭泽英，史晓辉．经管类统计学课程教学项目同步精细化研究［J］．大学教育，2019（1）：84－86．

[4] 高月新．课程逻辑：学科教学内容组织设计的内在依据［J］．教育理论与实践，2021，41（29）：38－41．

[5] 边洪伟．促进深度学习的教学内容转化［J］．思想政治课教学，2024（3）：39－42．

[6] 陈荣泉，杨少波．国内教师教育课程逻辑起点、困境与应对——基于新常态下的审视［J］．中国成人教育，2017（18）：92－94．

[7] 孟庆楠，杨秀莲．校本课程开发的隐含逻辑：连带学习、软技能与场效应［J］．教育理论与实践，2019，39（4）：52－55．

[8] 吴岩．建设中国“金课”［J］．中国大学教学，2018（12）：4－9．

第4章

教学模式

1972 年，美国课程专家乔伊斯等的著作《教学模式》中最早提出教学模式的概念，他们认为教学模式是一种教学计划、教学范式[1]。国内学者关于教学模式的观点各有侧重和不同，但普遍认为教学模式是一种理论构造、结构方式、教学程序和教学方法[2]。综合各观点，教学模式是指在某种理论思想的指导下建立起来的，为达成相应教学目标，在具体的教学环境中所展开的一种教学活动的程序和结构，具有系统性、理论性和稳定性的特点。它既是教学理论的具体化，也是教学实践形式和系统的概括，可以在教学理论与教学实践间搭起一座桥梁[3]，即教学模式是较为稳定的教学活动结构框架和教学活动程序。教学活动结构框架突出了教学模式要从宏观上把握教学活动整体以及各要素之间内部的关系和功能。教学活动程序突出的是教学模式的有序性和可操作性。教学模式要与教学目标相契合，教师在课堂教学的有限时间内组织安排教学活动，要让课堂的教学成果富有成效、达成教学目标，要考虑实际的教学条件结合不同的教学内容选择教学模式。

中国特色社会主义进入了新时代，在新的历史起点必须将教育信息化作为教育变革的重要力量。混合式教学就是基于对传统教学和在线学习理性反思的基础上所重构的一种信息化教学模式。混合式教学是以学习者为中心，把传统的面对面课堂教学与现代的网络学习进行有机融合，将线上与线下教育有机结合、优势互补，以实现学习目标最优化的教学模式，是目前高校教学改革的重要研究方向，并将成为未来教育的“新常态”[4]。与此同时，数字技术的发展、教学技术和设备的智能化为线上教学提供了更加强有力的硬件保障。因此，混合式教学模式改革无疑是统计学一流课程建设的主要任务。混合式教学在一定程度上实现了学生的自主性学习，但是单纯的混合式教学并不能充分调动学生的个人主观能动性和创造性。以研究性教学为代表的大学创新教学，不仅在知识观、实践观、人才观方面批判了传统教学所极力维护的理论基础，而且在实践方面对不同的高校、不同的学科、不同的课程、不同的教师以及不同的学生更加具有适应性、包容性[5]。研究性教学注重教学、科研的相结合，强调教学内容的前沿性、时效性、探索性以及教学方法的多样性，有助于促进高水平创新人才的培养[6]。因此，基于混合学习环境，创设类似研究的情境或途径，进行研究性教学，改善现有的重教轻学现象，引导学生创造性地运用知识和经验，自主探究发现问题、研究问题和解决问题，并且科学地进行评价，对课程教学质量的提升具有非常重要的现实意义。

4.1 存在的问题

通过开课前学生学情分析的问卷调查，调查结果显示，几乎所有同学都认为统计学对以后的专业课学习、毕业论文写作以及未来的工作都有帮助，94%的同学认为统计学难学，其中较多地认为难在方法多、公式多，但是进一步分析调查问卷结果，发现目前传统教学存在以下明显的问题。

4.1.1 教学模式以老师讲授为中心，忽视引导学生的个性化学习

山西师范大学经济与管理学院经管类专业是文理兼招的，学生的背景有文科和理科。课前问卷调查发现经管类财务管理专业和经济学专业学生的文科背景学生占比最高达到近45%，与理科背景的学生相比，其一般在数学相关知识的广度、深度和学习能力方面存在一定的结构性落差；对统计学先修课程《概率论与数理统计》相关知识点的学习认知方面的调查问题结果显示，学生认为非常难学的占24%左右，认为比较难学的占65%左右，一般的占10%左右，容易的占1%，也就是近89%的学生认为概率论难学，结果说明学生学习背景有较大的差异，对先修知识的理解和掌握有较大差异，因此学生对知识的需求层次也存在较大的差异，从而学生对统计学知识的理解和接受能力有差异。传统的“老师讲学生听、老师问学生答、老师写学生抄”的教学模式忽视了学生的个性化学习，不能充分调动

学生学习的主动性和能动性。课堂教学囿于空间、时间以及教学技术和手段的限制，主要是“老师向学生输出”的单向传导，而“学生向老师”的交流渠道不通畅，再加上学生不清楚自己的问题在哪里、有哪些，师生之间难以进行有效的交流和互动[7]。“头痛医头、脚痛医脚”的办法很难满足每个学生个体的学习需求[8]，“填鸭式”的教学方法给学生在知识的接收上带来了一定的困难。再加上统计学理论有一定的抽象性，且内容散、概念多、体系杂，还有一些晦涩的公式推导论证和烦琐深奥的概率论知识，等等。对于文理兼招的经管类专业，文科背景的学生数学基础薄弱，学生看到教材的内容会感到“压力山大”，非常容易对统计学的学习产生畏难情绪，因而导致老师教得也很疲惫。

4.1.2 教学模式以统计方法为中心，忽视培养学生的系统性分析能力

传统教学模式中，教师对统计描述统计、推断统计的各个方法均进行详细讲解，并且在讲完统计学各个知识点后，一般都会进行软件分析的实践环节，但是教材上各个知识点、方法以及用于实践的例题或案例都是针对各个章节的，也就是不同的章节是不同的例题或案例内容，各例题或案例之间是相互独立的、没有任何的联系，缺乏“点、线、面”系统性的建构和逻辑关系，缺少系统化设计的完整的统计案例。如果任课教师没有考虑到这一点并进行内容重构，势必会造成学生对统计学各知识点的理解和应用是零散状态的，学生搞不清楚各知识点之间的关系，缺乏对知识的整体性认识。而且，多数例题或案例没有详细的背景知识，数据也都是经过处理直接展现给学生的，学生无法实际体验在描述统计和推断统计分析之前数据预处理的前期工作。再加上案例涉及的内容不能很好地与经济管理类等各个专业结合，因而当学生需要统计分析实际社会经济问题时，不能敏感性地将其转化为相应的统计学范畴进行系统性思考，这样的教学过程

会降低学生对课程学习的兴趣，不利于培养学生的职业发展能力。

4.2 理论分析

“以学生为中心”的教学理念，不是指简单地要求学生自发学习，而是指学生在教师指导下进行的研究性学习。20 世纪 90 年代，行为主义理论被认知学习理论替代，认知学习理论的分支之一即建构主义理论逐渐盛行。随着多媒体计算机和网络通信技术的发展，为建构主义倡导的学习环境提供了强大的技术支撑，建构主义也为多媒体教学和网络教学提供了最有效的理论指导。建构主义认为知识不是通过教师传授得到的，而是学生在一定的真实情境下，通过自主学习、协作学习、研究性学习的探究，主动地以意义建构的方式获得。但是，实际上学生们在学习经验、协作能力、信息素养方面还存在较大的欠缺，学生的自主探究像无头的苍蝇一样，即便寻找和讨论多时，得到的依然是一堆碎片化的知识，学生能否将碎片化的知识联系和组合起来，与个人的知识、思维、经验以及后期学习和领悟能力有关，同时也会需要更长的时间。

结合中国的国情和教育教学实际情况，本土化的学习理论即新建构主义理论被提出[9]。新建构主义理论与经典建构主义理论相通之处在于都强调真实情境对学习的重要作用，强调研究性学习；而不同点则正如学者王竹立（2020）[10]所言，新建构主义理论还包含知识创新在内，将学习、应用和创新三个循序渐进的阶段合为一体，同时在网络背景下凭借对于从教材、人工智能中提取到的“硬知识”，进行加工、构建出新的知识（软知识），强化人类智慧的不可替代性，为人类在日益革新的时代开辟另一番天地，这正是“新建构”之意义所在。而落实到课程教学上来，新建构主义为混合式学习提供了新的理论基础，在其指导下，教学模式也经历着它自己的“新建构”过程。

中国学者何克抗（2021）[9]对西方建构主义进行认真的反思，认为西方的建构主义只强调以学生为中心、单纯倡导自主—探究式的教学观念。他的研究指出，应该在混合式教育思想指引下，倡导“教师主导—学生主体相结合”“有意义传递—指导下探究相结合”以及坚持主客观相统一认识论的新型建构主义理论。新型建构主义理论认为既要重视教也要重视学，学生的自主学习、自主探究是内部心理主观过程和外部刺激客观过程的结合，要有教师的适当指导，如确定探究主题的环节、确定探究方法的环节、确定学习工具的利用等，都离不开教师的启发和引导。其中研究性教学模式就是新型建构主义理论所倡导的且已经相当流行的教学模式之一。研究性教学是寓研于教的过程，是知识体系的完整性的学习和掌握。实施研究性教学，最好的路径是以问题为中心来组织教学[11]。因此，该模式的实施过程主要是从提出问题，到分析问题，然后是形成解决问题的方案并实施，最后是总结提高。基于新型建构主义理论构建研究型、混合式的教学模式为统计学课程教学设计提供了很好的思路。

4.3　教学实践

首先，基于 OBE 理念和新型建构主义理论，遵循新文科建设突出的问题导向，围绕统计知识讲授和实践设计“学—教—做—思”一体化混合式教学，即课前通过线上视频、测验等引导学生充分个性化自主“学”习统计学基本概念、方法原理及关联知识；课堂上，教师根据线上学情，因材施“教”，结合重难点精讲描述统计、推断统计的核心知识及逻辑关系，引导学生建构知识体系，消除学生畏难情绪；实践环节，围绕教师科研项目提炼的案例指导学生系统性“做”起来，探索统计学在社会经济问题中的科学应用，并及时“思”考和总结，持续改进实践成果，解决学生脱离实践、知识应用碎片化的问题。“学—教—做—思”四位一体，实现学生知识建构、能力提升和价值塑造。

其次，针对课前学情和课后满意度的问卷调查结果，课程组基于混合式教学环境，基于团队教师提炼关于实际社会经济管理类问题的案例，以案例为驱动，激发学生思考的内生动力，实现学生学习的再生产活动，探索与实践耦合同一案例的“三阶九环”混合式教学模式[12-13]。具体框架如图 4-1 所示。

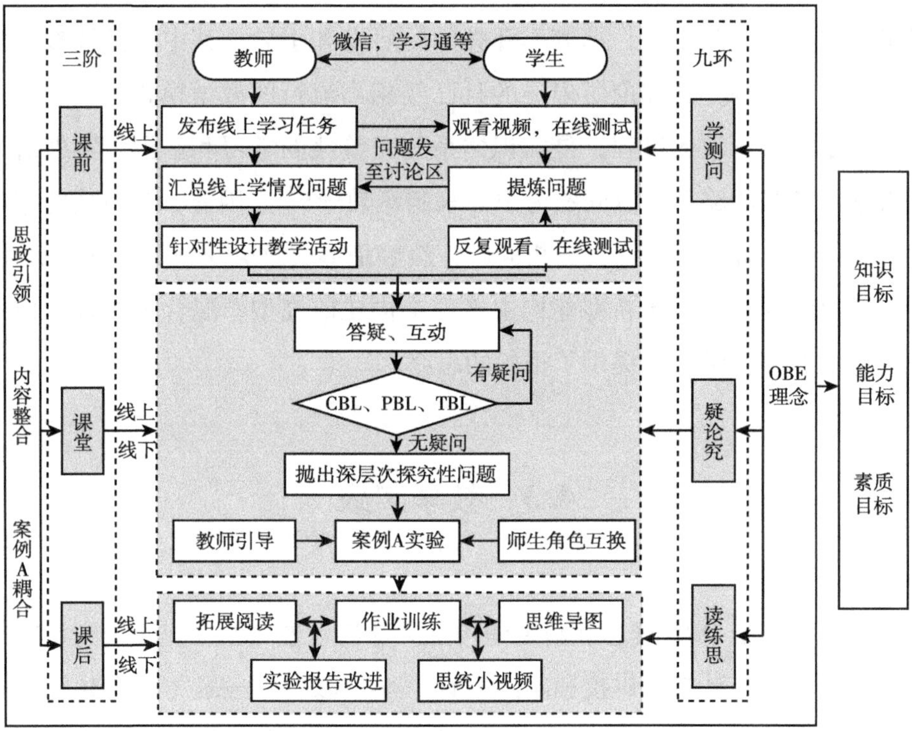

图 4-1　耦合同一案例的“三阶九环”混合式教学模式

在图 4-1 中，“三阶”指的是课前、课堂、课后三个阶段，“九环”指的是课前、课中、课后三个阶段中的“学、测、问”“疑、论、究”“读、练、思”共九个环节，“耦合同一案例”指的是整个课程的教学和实验内容都围绕同一个案例进行系统的设计、软件操作和分析。教学模式的研究性体现在基于 CBL、TBL、PBL，设计开放性、探究性的问题进行深度探究。

根据教师最新科研项目、学生优秀毕业论文或各类竞赛提炼的用于教学和实验的多个案例，背景丰富，并设计融入思政元素。案例数据有的是通过调查收集方式获得的，有的是通过数据库、统计局官网收集到的二手数据，数据包含的信息量大，可供学生从多个角度挖掘进行研究学习，非常有利于实施研究性教学。结合案例和数据，课程组也根据划分的模块内容分别设计了多个结构性、开放性的问题（关于第5个案例设计的三个模块各个方法的问题如表4－1）。在整个课程教学过程和实验环节都耦合同一个案例，这个案例就像“一根线”“一根链条”，将课程从开始到最后的零散知识点串联起来，使课程内容综合化、一体化，并关注了学生对知识掌握过程、实践应用能力的循序渐进性。结合案例的学习和实践，最终产出案例的系统性分析成果报告，整个环节在内容上体现系统性和前沿性，在设计上体现研究性和创新性，做到了理论联系实际，有利于学生建立课程知识点的系统性思维以及运用知识解决实际专业方面问题的全局意识，充分调动学生学习的欲望和思考的动力，培养了学生自主发现问题、解决复杂问题的综合能力、创新能力以及高级思维和团队合作的精神。

表4－1　基于案例5“企业社会责任、技术创新与企业绩效”的探究性、研究性问题

模块	章节内容	知识点	基于案例的探究性、研究性问题
模块1 基础知识	绪论	变量类型 数据类型	案例中的企业社会责任、企业商业信用融资、CFO海外背景、企业规模等变量分别属于什么类型？其取值属于什么数据类型？为什么
	数据的收集	数据的来源	本案例的数据是通过什么渠道获得的？具体可以怎样获取得到这些数据
模块2 描述统计	数据的概括性度量	各度量指标	从案例数据中，分别选择一个分类变量和四个数值型变量，试计算各个变量的度量指标（至少包括平均值、标准差、中位数、最小值、最大值），将各个指标展示在设计好的表格里，并对表格的内容进行一定的描述性分析
	数据的图表展示	图表的制作和描述	从案例数据中选择2～3个变量，绘制相关图形，图形至少包括散点图以及直方图，然后对绘制的图形进行相应的描述分析

续表

模块	章节内容	知识点	基于案例的探究性、研究性问题
模块3 推断统计	参数估计	区间估计	有人声称，上市公司的社会责任评级得分达到40分以上，试根据调查数据以95%的置信区间检验该看法是否正确
	假设检验	两个均值比较分析方法	试根据调查数据检验有无海外背景对商业信用融资是否有影响？ 请同学们设计关于企业社会责任与商业信用融资之间的假设检验问题一个，并完成假设检验
	分类数据分析	列联表分析方法	试检验公司CFO有海外背景与企业属性是否有关
	方差分析	方差分析方法	某调查员比较关注道路运输业、纺织业和专业技术服务三个行业，试分析这三个行业的商业信用融资是否有显著差异？ 试分析行业和企业属性对商业信用融资（TC）是否有显著影响？（行业只关注道路运输业、纺织业和专业技术服务三个行业，不考虑交互作用）
	相关分析	Pearson相关系数分析方法	绘制企业社会责任和商业信用融资（TC2）的散点图，判断两者之间的关系形态。 计算上述两个变量的相关系数并进行检验
	回归分析	一元线性回归分析方法	求商业信用融资对企业社会责任的一元线性回归估计方程，并解释其经济意义。 尝试自己选择一组变量进行相关及一元线性回归分析，说明选择对应变量的原因
		多元线性回归分析方法	计算商业信用融资（TC2）、企业社会责任评分、偿债能力、资产利润率的相关系数并检验。 在以上相关系数检验的基础上，以商业信用融资（TC2）为因变量，建立多元线性回归方程，并解释其经济意义。 尝试自己选择一组变量进行多元线性回归分析，并对回归结果进行一定的分析
三个模块	所有章节	各基本概念 各统计方法	仿照平台提供的报告模板，基于教学案例的研究背景、研究意义、研究目的等，提炼问题，理论分析各概念之间的关系并提出假设，运用描述统计和推断统计的方法推断各变量之间的关系，并对结果进行讨论，明确各概念之间的关系，最终提交系统性统计分析的成果报告

注：以上问题是根据学生优秀毕业论文提炼的案例及问题设计，即2015～2022年A股上市公司企业社会责任和CFO海外背景以及企业商业信用融资等14变量之间关系的分析。结合翻转课堂，让学生以4人为一小组进行软件操作、讨论完成，分别在线下课堂进行汇报、答辩和评价。

下面以统计学课程中“一元线性回归的拟合优度和显著性检验”为例说明教学模式的实践[12]。课前阶段，首先教师线上 SPOC 平台发布任务内容和要求，学生按照要求观看学习“一元线性回归检验”及实验操作的微视频和教材内容，完成“学”的环节；其次学生线上完成章节测验，即完成“测”的环节。学生可以反复观看视频和在线测试，进行充分的自主学习和深度学习；最后学生根据自己的理解程度，提出自己还没“学”明白、没“测”明白的需要帮忙解决的问题，并发到讨论区，即完成“问”的环节。教师结合平台数据统计结果所反映的线上学习情况，如章节测验统计结果的柱状图，以及讨论区的问题及问题的词云等，梳理和汇总学生提出的问题，并突出重点和难点，准备线下教学的内容。整个课前阶段让学生自主完成了学习、评价与矫正，实现了个性化自主学习，解决了学生的差异性问题。平台根据教师设置的成绩权重自动统计学生的章节测验、讨论主题发布及回复等环节的表现和成绩，非常方便对学生进行过程性评价，使平时成绩评定方式更多元、更公平和更客观，能充分体现学生课堂参与的积极性。

课堂阶段，在课堂第一学时，通过中国第一名花样滑冰女子单人滑世界冠军陈露在 1998 年长野冬奥会的了不起的回归案例，促进学生树立坚定理想和坚忍毅力的人生观，润物无声地将价值塑造融入知识传授和能力培养中。然后教师对学生提出的问题进行针对性点评和答疑，如“为什么判定系数 R^2 可以度量回归直线的拟合优度？为什么总平方和等于回归平方和加残差平方和？除了判定系数外，还有别的指标可以反映回归直线的拟合优度吗？在回归分析中，F 检验和 t 检验的区别是什么？视频中讲到一元线性回归中 F 检验和 t 检验是等价的，但 F 检验的是线性关系的显著性，t 检验的是各个回归系数的显著性，那么等价体现在哪方面？回归直线的拟合优度和显著性检验有什么区别?”虽然是相同的知识点，但是每届学生提出的问题都会有所不同。学生在 PPT 上看到自己提出的问题，带着各自的疑问来听课，目标性强，从而完成“疑”的环节。随后，基于 TBL、

PBL 分组活动，让学生讨论是否还有疑问，完成“论”的环节。如果还有疑问，教师则组织大家一起探讨解决；如果没有疑问，教师则基于教学内容、教学案例或实验内容，提出有利于学生系统性思维、具有一定深度的探究性、研究性问题，例如，基于教学内容提出“回归分析与相关分析的区别与联系是什么?”的问题，基于 TBL 提出“商业信用融资对企业社会责任的一元线性回归方程如何建立？其经济意义如何解释?”的问题，等等，引导学生以小组为单位深度探究，使“学生忙起来”，让学生体验“跳一跳才能够得着”的学习挑战，即完成“究”的第一个环节。

在课中阶段的第二学时，让学生以小组为单位，按照课前线上发布的实践环节内容，运用专业统计分析软件围绕教学案例的上述问题进行一元线性回归的操作和分析。因为课前线上已经安排学生观看教师录制的关于一元线性回归的软件操作视频，所以教师可以利用课堂时间就安排学生讨论并完成实验报告。在学生讨论和完成实验报告的过程中，教师要引导学生思考如何直观发现商业信用融资和企业社会责任之间的相关关系、相关关系如何检验、显著性水平如何给定、软件输出的结果如何分析、经济意义如何解释等多个问题，并仔细观察和倾听各个小组的讨论交流内容和情况，适时引导和答疑。以上所有问题，并不是教师直接告诉学生，而是边设问边引导学生思考，引导学生一步一步地考虑和分析自己发现的问题，将讨论一步一步引向深入，唤醒学生学习的热情和学习动力，并且触发学生自主学习或联系与本学科有关的其他学科的知识，培养学生跨学科的学习能力和创新能力。同时，对于同样的问题，由于学生的知识储备、学习经验和经历爱好的差异，学生思考的角度和方法会不尽相同，形成的看法和观点就会有所差异，因此每个小组成员之间进行交流、分享并进一步分析，能充分拓展学生的发散性思维和创新思维，促使学生从批判性的角度看待小组成员的观点，并使最终的解决方案和措施更准确、更客观、更合理。

最后，在观察各个小组完成任务后，教师及时组织以小组为单位进行汇报，通过学习通的随机选人或教师指定功能，选中各个小组的一名成员或随机抽取某些小组分别进行汇报，根据汇报内容是否完整、思路是否清晰、讲解是否到位、图表制作是否规范、时长是否得当等，通过教师评价、组间互评、组内互评综合反映每个小组成员的表现和成绩，其中组间互评是在教师设计的评价量规基础上结合学生的评价标准进行。小组汇报完，教师引导小组成员发现自身存在的问题，并提出改进的方法和技术，同时引导其他小组的成员自告奋勇地提出自己的见解和看法。汇报内容以模块知识为核心逻辑，借助环境及同伴，帮助学生实现了知识的自我建构，同时拓展了学生的批判创新能力，培养了学生勇于展现自我的职业素养，因此其综合效果不言而喻。小组汇报的完成，表明完成“究”的第二个环节。

整个课堂阶段，充分利用线上和线下平台以及随机选人、抢答、随堂练习等多种工具，调动学生学习、讨论的积极性和参与课堂的活跃度，几乎杜绝了学生上课玩手机的现象，教学过程由“管、堵”调整为“疏、导”，并且根据分组任务的评价标准和评价量规进行教师评价、组内评价及组间评价；同时，课堂阶段的探究性分析和讨论，做到了把知识讲清楚、讲透彻、讲灵活，也培养了学生的系统性分析能力，发展了学生的高阶认知能力、职业发展能力和解决复杂问题的综合能力和高级思维。同时，“一案例五翻转”的小组实验报告的完成具有探究性和个性化，充分发挥学生的个性特点和个性思维。

课后阶段是安排学生拓展阅读与回归分析相关的文献资料，拓展学生的思维空间，即完成“读”的环节，例如，安排学生阅读课程学习通平台中“资料”里的文献“户主受教育程度对家庭风险性金融资产选择的影响研究”[14]；然后让学生仿照阅读的文献改进实验报告，即完成“练”的环节，最后思考总结，绘制一元线性回归拟合优度和显著性检验的思维导图或框架图等，训练学生构建自己的知识系统，完成“思”的环节。这个阶段实现了学生知识的系统和拓展，使学生的知识达到了内化提升。

综上所述，课程组在思政引领下，逻辑梳理教学内容，并系统性耦合同一案例，实施“三阶九环”混合式教学模式，符合教学基本规律，做到线上线下相互融合、相互促进的教学改革，充分考虑了学生的个性化需求及其差异，达到了因材施教的效果；让学生带着自己的问题走进课堂，培养学生发现问题、大胆质疑的能力，激发学生高层次思维活动，使学生系统性的探索性学习行为真正发生，培养了学生产出导向的实践能力和创新能力，极大地调动了学生主动学习的兴趣和积极性。同时，灵活使用多种教学方法，以现代化信息技术工具为辅助，增加课堂教学手段的丰富度，为学生营造了良好的学习情境，实现了评价方式的多元化、客观化，实现了以教师为主导、以学生为主体的研究性教学，最终实现以学生为中心的课堂，使学生“求得真学问，学到真本领”。

参考文献

[1] 乔伊斯，韦尔，卡尔霍恩．教学模式（第8版）[M]．兰英等，译．北京：中国人民大学出版社，2014.

[2] 李恒宇．课程与教学论（物理）硕士研究生专业课教学模式调查研究 [D]．重庆：西南大学，2016.

[3] 要丹丹．“翻转课堂”教学模式在高校思想政治理论课中的应用研究 [D]．南昌：华东交通大学，2019.

[4] 冯晓英，王瑞雪，吴怡君．国内外混合式教学研究现状述评——基于混合式教学的分析框架 [J]．远程教育杂志，2018，36（3）：13-24.

[5] 解德渤，崔桐．大学课堂革命何以可能——研究性教学的旨趣、实践及其挑战 [J]．重庆高教研究，2020（3）：56-66.

[6] 汪铭，陈聚涛等．研究型教学在研究生课程教学中的应用 [J]．研究生教育研究，2018（1）：33-37.

[7] 曾慧．统计学一流课程建设探索与实践 [J]．统计理论与实践，2022（9）：69-72.

[8] 郃秀军．综合手段解决研究生学习《统计学》困难的思路与实践[J]．现代经济信息，2021（1）：180－182.

[9] 何克抗．新型建构主义理论——中国学者对西方建构主义的批判吸收与创新发展[J]．中国教育科学，2021（1）：14－29.

[10] 王竹立．后疫情时代，教育应如何转型？[J]．电化教育研究，2020，41（4）：13－20.

[11] 王竹立．新建构主义：网络时代的学习理论[J]．远程教育杂志，2011（2）：11－18.

[12] 郭泽英，李丽忍．“新文科”背景下统计学课程教学模式构建与实践[J]．教育观察，2022，11（34）：117－120.

[13] 郭泽英，郃秀军．新文科背景下统计学研究性教学实践——基于新型建构主义理论[J]．甘肃教育研究，2023（32）：140－144.

[14] 卢亚娟，殷君瑶．户主受教育程度对家庭风险性金融资产选择的影响研究[J]．南京审计大学学报，2021，18（3）：70－80.

[15] 周沫利．“以学生为中心”背景下课程需求与教学目标的构建——以《幼儿英语活动指导》为例[J]．海外英语，2022（11）：185－187.

[16] 王竹立．新建构主义：网络时代的学习理论[J]．远程教育杂志，2011（2）：11－18.

[17] 王超．“一流教学”建设中研究性教学的思考[J]．贵州师范大学学报（社会科学版），2022（2）：61－71.

[18] 卢亚娟，殷君瑶．户主受教育程度对家庭风险性金融资产选择的影响研究[J]．南京审计大学学报，2021（3）：70－80.

第5章

课程思政

习近平总书记在 2016 年 12 月的全国高校思想政治工作会议上强调，“要用好课堂教学这个主渠道”“其他各门课都要守好一段渠、种好责任田，使各类课程与思想政治理论课同向同行，形成协同效应”。这对专业课程发挥育人功能提出了明确的要求。2020 年 5 月 28 日，教育部印发《高等学校课程思政建设指导纲要》（以下简称《纲要》），全面部署课程思政建设，要求“把思想政治教育贯穿人才培养体系，全面推进高校课程思政建设，发挥好每门课程的育人作用，提高高校人才培养质量”，指出全面推进课程思政建设是落实立德树人根本任务的战略举措[1]。统计学作为处理数据的一门综合性学科，是应用在所有科学研究领域的一种基本技术工具，其在经济学、管理学和信息计算科学等诸多领域中有着非常广泛和深入的研究。从国家层面上来讲，统计的工作关系到国家、社会、人民的各个方面。《中华人民共和国统计法》规定，统计的基本任务是对经济社会发展情况进行调查、分析、提供统计咨询和监督，统计要坚持实事求是，确保数据真实可靠和完整。

5.1　存在的问题

作为认识客观世界数量规律的一门重要工具课程，统计学课程思政在塑造和培育学生的世界观、人生观、价值观等方面发挥着重要作用。统计学课程是课程思政体系化建设的优秀载体。《纲要》的印发对统计学的课程思政提出了更高的要求。然而，当前统计学课程思政中仍然存在着一些问题，影响其思政功能的发挥。

5.1.1　课程思政重视统计知识育“灵”，忽视思政元素孕“魂”

统计学的课程思政建设是一个新鲜的事物，各个高校的办学定位、专业培养目标和对学生的毕业要求均有不同的内容，因此统计学课程思政建设没有成熟的路径可供借鉴，没有明确的方向。受到传统观念的影响，部分教师对课程思政的认识不到位，对统计学课程引入思政元素既不排斥但也不重视，态度不够积极，缺乏主动性和创造性，甚至有些教师认为思政教育是思政课教师的事，与专业课教师无关，存在教师只教书不育人或忽视育人的现象。这主要表现为课程教学目标主要集中在统计学基本理论和基本方法的讲授上，偏重认知领域，如对统计知识传授、统计素养的形成和统计思维能力的培养等专业人才培养的学科角度，重视学生对知识的领悟和使用，有“重工具轻价值”“重技术轻人文”的单纯工具主义的倾向，忽视对学生核心素养发展的培养，教学目标设计中缺乏对品格修养、科学精神、理想信念等价值引领目标的具体设定，鲜有对发展学生的核心素养提出有针对性的要求。另外，还有一些教师积极进行课程思政改革建设，但苦于思政教学的知识储备不足，对于思政元素融入统计学专业知识教学的能力比较缺乏，课程思政建设最终流于形式或消极应付。不管是任课教师的态度问题还是能力问题，最终都导致了类似的结果，那就是注重统计学知识的育“灵”作用，而忽视了文化的孕“魂”功能。

5.1.2 课程思政重视素质目标的设计，忽视思政元素的融入内化

知识、能力、素质是目标系统中的基本要素，这三个要素的逻辑关系构成了培养目标的结构，并影响着培养目标的功能和作用。根据教学大纲的要求，每位任课教师都详细制订了统计学课程的素质目标或思政目标。例如，对数据的收集要做到实事求是，要坚持一切从实际出发，要学习统计学家刻苦研究和严谨周密的科学精神，激发学生无私奉献、报效祖国的爱国情怀等。但很多老师都是为了完成目标的设计而设计，在具体教学过程中，并没有真正思考思政教学目标与统计学内容的关系，未能结合统计学课程特点真正开展思政教学。在没有找准统计学知识点与课程思政元素

自然结合切入点的情况下，将思政内容理论灌输、生拼硬凑，脱离具有重大社会影响的案例以及当前热点问题，或过度追求课程思政而忽视了统计学课程的教学要求，导致专业知识传授与课程思政两者缺乏有效的融合。因此，学生不易在教学内容中实现顺利的衔接和过渡，这样做的结果不仅使课程思政教育流于形式、落地乏力，没有实现课程思政的融入和内化，使学生上课感觉到枯燥乏味，而且影响了统计学课程的教学效果，导致教学中统计专业知识与教育思政呈现“两张皮”各自分立的现状。

5.2　理论分析

美国著名教育家纽曼曾明确，“一所大学的心智训练真正的和恰当的目的不是学问或者知识，而是作用于知识的思想或者理性”。课程思政的核心内容就是要求所有课程都应该承载培养学生树立正确的世界观、人生观和价值观的任务。在布鲁姆的教育目标分类理论中[2]，他提出情感目标是注重情调与情绪、接受与拒绝程度的目标，情感目标从简单地对所选择现象的注意，到复杂而又内在一致的性格、良心。在为学生提供适当的学习内容时，学生情感行为的发展，就像其认知行为因适当的学习内容而得到发展一样。情感领域与认知领域一样，按照一种层次组织构造形成连续体，连续体编制的组织原则就是内化。H. 英格利希与 A. 英格利希（English and English，1958）给内化的定义是“把某些东西结合进心理或身体中去；把另一个人的或者社会的观念、实际做法、标准或价值观作为自己的观念、实际做法、标准或价值观”；“当某种现象、特征或价值吸引了学生注意时”，价值内化过程才发生。内化过程可以在各种不同的程度上发生，这要取决于采纳别人价值观的程度。在内化这一过程中，“最初只是不完全地或尝试性地采纳理想行为的外显表现形式”，后来才是完全采纳。内化在指形成一般价值观、态度等过程时比社会化的意义更广，社会化只是指接受当代社会的价值形式。内化是个体一种内部的生长，这种生长是在“个体接受态度、法规、原则或良心制裁，并使之在形成价值判断或决定自己品行的过程中成为自己的一部分时”发生的。

基于上述理论表述，实际上，情感的构建就是一个内化的过程。当教学过程中某种现象、特征或价值吸引了学生的注意时，内化的过程就开始了——当学生注意到这种现象、特征、价值时，他便会把这种现象与呈现在知觉场中的其他现象进行相应的区分；随着区分的进行，他开始寻找这种现象、特征或价值，逐渐把情绪意义附在这种现象上并开始重视这种现象，且随着这一过程的展开，他便把这种现象与他曾作出反应并认为有价值的其他现象联系在一起。这种反应的经常发生，以致他几乎是自动、固定地对它或类似的情况作出反应。内化的过程显示了学习者的行为连续不断的改变，即从个体觉察到某种现象、特征、价值，到影响他所有行为对人生的整个看法。心理学家布鲁姆的情感目标的内化组织为统计学课程思政的设计和实践提供了清晰的实施方向。

5.3 教学实践

针对统计学课程思政教学中存在的问题，基于布鲁姆情感构建的内化原理，课程组坚持系统化、精细化的整体设计原则，充分发掘、运用教学内容中蕴含的思想政治教育资源，注重思政元素与统计学知识点的紧密联系性和自然衔接性，使学生在道德修养、职业素养、理想信念方面得到自然启发，最终达到潜移默化和润物无声的全面育人效果。并且在最新科研项目提炼的案例中融入党的二十大精神，重视统计学实践教学环节的持续思政。

5.3.1 统计学课程思政体系化设计思路

课程团队以统计学混合式教学改革的相关探索与实践[3-5]为基础，充分利用本校马克思主义学院的教育优势，与马克思主义学院的教师积极对接，找准课程思政的契合点，增强课程思政的理论性。该课程紧密融合思政教育和专业教育，以习近平新时代中国特色社会主义思想的世界观和方法论为指导，从“培养什么人、怎样培养人、为谁培养人”的根本问题出发，形成了“三坚持、四调整、三层次”的课程思政总体设计思路[6]（见图 5－1），将立德树人内化为课程内容，将课程思政融入课程目标设计、教学大纲修订、教学设计等各方面，贯穿课堂授课、教学研讨、实验汇报等各个环节，在探索知识传授和能力培养的同时，强调价值观的同频共振，有效落实专业人才培养方案要求和立德树人根本任务。该思路坚持教书育人的初心不变、坚持以学生为中心的理念不变，坚持课程思政的方向不变，调整教学目标、教学内容、教学方法以及考评方式，实现学生品德修养的提升、职业素养的增强和理想信念的培育。

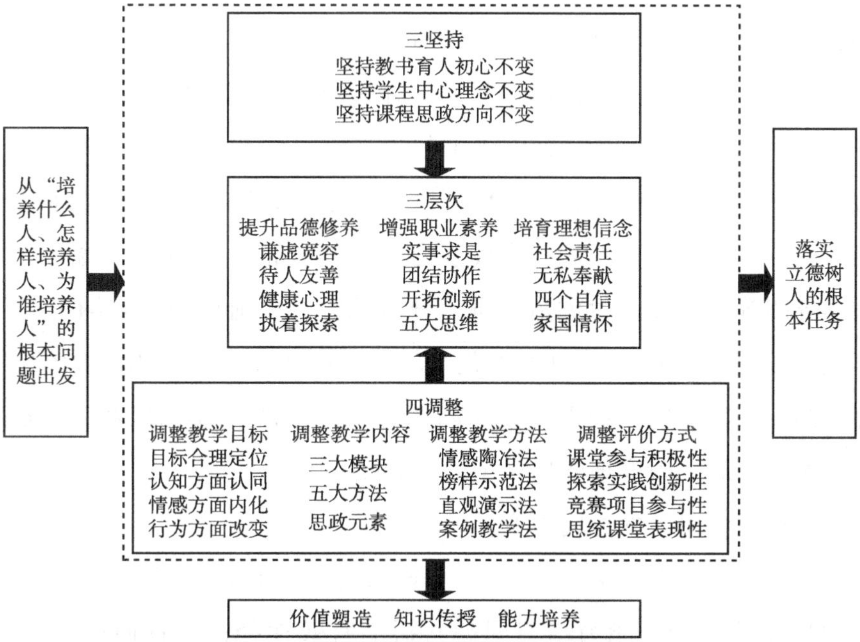

图 5－1　“三坚持、四调整、三层次”课程思政体系化设计思路

（1）三坚持。

①坚持教书育人的初心不变。

教书育人是每个教育者的教育初心。根据此理念，统计学课程组始终保持“教书育人”的初心贯穿教学全过程，牢记为党育人、为国育才的使命，认真贯彻落实习近平总书记对广大教师提出的殷切要求，充分利用现代信息技术，精心设计组织每一节课；结合课程特色，做好课程思政，扎实以德立身、以德立学、以德施教的基本功，坚持做“四有”好老师，做学生的“四个引路人”，讲好中国故事，铸牢学生理想信念，厚植学生爱国情怀，确保课程方向正确、持续育人的初心。

②坚持学生中心的理念不变。

统计学教学过程始终围绕“以学生为中心”理念，让学生成为课堂的主体，做到以学生学为中心，以学生发展为中心，以学习效果为中心。课前设置主题讨论和提出问题关键环节，锻炼学生个性化自主学习能力和发现问题能力；课堂上围绕学生的问题有针对性地讲解，根据教师科研项目与优秀学生毕业论文，设计出一系列与知识点相匹配的探究性问题，让学生以小组为单位深入讨论，让学生忙起来，体验“跳一跳才能够得着”的挑战——坚持科研反哺教育，不仅训练了学生的系统思维，而且理论与实践相结合，培养了学生的职业发展能力；课后引导学生浏览在线资料和手绘思维导图等，培养学生创造思维、分析思维、放射思维、归纳思维的能力。整体教学阶段围绕学生的学习、表现和活动设计有多元化的教学评价，如课堂参与的积极度、探索实践的创新度、系统思维的明晰度、思统课堂的表现度等，最大限度地激发学生的主观能动性。

③坚持课程思政的方向不变。

统计学教学以立德树人为导向，全面推进课程思政建设，积极探索价值引领与知识传授、能力培养同频共振的有效途径；每日通过“学习强国”平台全面了解和把握国家区域经济建设发展的国情和经济需求，与马克思主义学院教师积极对接和探讨课程思政的契合点和理论性，收集和设计课程思政案例、思统小视频。

（2）四调整。

①调整教学目标。

根据课程思政元素的时代性和开放性，对课程总体教学目标和各章的教学目标进行合理定位，及时调整和修改。通过引导学生晓之以理，实现认知方面的认同；通过给学生创设丰富的情景，实现学生情感方面的内化；通过引导学生参加社会实践和各类比赛，实现行为方面的改变。

②调整教学内容。

将课程内容整合为基础知识、描述统计、推断统计三大模块，增加大数据内容，制订课程价值目标并重新修订教学大纲，将课程思政元素融入教学大纲、教案、实验报告和课程讨论中；针对统计方法复杂不系统、方法适用条件不清晰的特点，重新整合章节内容，对统计方法多角度比较分析，帮助学生增强习近平总书记倡导的五大思维和构建知识框架。

③调整教学方法。

根据思想政治教育特点，在统计学课程知识传播教育的教学方法基础上，灵活使用多元化的教学方法，如榜样示范法、情感陶冶法、直观演示法、案例教学法及情境教学法等。统计学课程思政促使教学方法和教学模式发生了很大变化，新型的教学方法不仅能够带动学生学习专业内容的积极主动性，还能够在认知、理念和情感等方面达成某种程度的共识，能将思政元素内化于心，外化于行。

④调整评价方式。

根据线上线下的教学和实践内容，及时跟进和调整全方位的过程性考核，设计多维度的考核内容。例如，考核学生设计思维导图的系统思维明晰度，考核学生教学案例实验报告分组汇报情况的探索实践创新度，考核学生将统计学与课程思政结合自编、自导、自演的思统小视频的思统课堂优质度，以及学生发起和回复讨论的课堂参与积极度。同时，将学生课余时间参加“挑战杯”“互联网＋”“全国能源经济学术创意大赛”等相关比赛的成绩作为随机加分项。

（3）三层次。

①提升品德修养。

2018 年，高校师生思想政治状况调查结果显示，对大学生思想、言行、成长影响最大的是专业课教师。团队教师始终坚持崇德向善，求真务实，严于律已，以健康阳光的精神面貌为学生讲解知识，以宽容的态度对待学生出现的问题和错误，以积极向上的心态与学生们沟通，以亲和友善的态度与学生相处，以良好的仪表出现在学生面前，始终以微笑面对每一个学生，以自己的人格魅力潜移默化塑造学生的政治思想、道德情操，在学生心中埋下真善美的种子，教师以身作则，言传身教，潜移默化地影响学生养成良好心态、谦虚宽容的优良品德；以著名滑冰运动员陈露的职业生涯激发学生执着追求的精神。

②增强职业素养。

通过榜样人物、名言警句、实际案例等多种形式，增强学生的职业素养，如结合二手数据引用的统计学内容、美国物理学家罗伯特・密立根在著名“油滴实验”中对实验数据大动干戈、挑选有力数据剔除不利数据的小动作案例，引导学生认识到在学习、研究和工作中要坚持实事求是；通过著名企业家曹德旺先生追求卓越的创造精神激发学生的开拓创新；通过教学案例实验报告的 PBL 分组完成和汇报增强学生的团结协作能力和五大思维能力。

③培育理想信念。

利用视频展示、故事讲解、图表示例等手段，通过开创中国概率论数理统计领域教学和研究工作的一代宗师许宝騄教授的故事、非正常样本推断的现象事例、中国居民人均可支配收入持续增长等案例，增强学生对中国特色社会主义的“四个自信”，激发学生的无私奉献精神、社会责任感和家国情怀。

上述设计思路，在课程教学的课前、课堂、课后三阶段的具体实施如下。

课前阶段，教师以“三坚持”的理念为先导，从提升自我、课程准备两个角度完成课程思政的设计。在自我提升方面，通过与马克思主义学院的教师交流、学习，团队教师不断地强化着自身的政治素养、增强自身捕捉思政元素的敏锐度，强化“教书育人”的初心，开阔教师的教学思路，让课前设计更加明朗、清晰；在课程准备方面，教师把握每一次课前预习机会，在学习通平台设置相关视频内容，如鼓励学生了解著名统计学家许宝騄教授的故事，以轻松的氛围、便捷的方式、正能量的教学内容带领学生走进统计学的世界。

课堂阶段，教师将“四调整”内化于教学设计中，力求通过理论知识的教导，契合当今时代的多变性。在教学目标与教学评价方面，教学设计的总目标立足于适应时代发展的人才多元化培养，考评学生多元发展能力。例如，组织一些学生参与团队教师课题内容的社会调研部分，鼓励学生自愿报名参加能源经济大赛、挑战杯等比赛，鼓励学生以课程学习、社会实践、参加比赛等方式来自我展示、自我评价，最终完成自我成长。在教学内容方面，教师设置实验报告小组汇报和答辩等环节，让学生在钻研专业知识的同时把握学科精髓，在真实案例的现实背景下接收专业的思维方法训练，去了解、直面现实问题，从局限的题目中探索更多、更深层次的增量信息，从而培养学生的职业素养，强化学生的理想信念。在教学方法方面，团队教师深知教学方法对于教学成果转化的成功率的重要影响。例如，教师通过挖掘、填补、解释课程中蕴含的思政元素（具体见表 5－1），帮助学生理解所学知识的现实意义，借助教师的引导与学生的自主判断，逐步建立起完备的价值体系，这就是情感陶冶法的精髓所在——如果说课堂是一场思想的旅行，教师则是这趟旅程的向导，帮助学生在现实的约束和理论的假设之间建立起一座桥梁，而这座桥梁，就是以思政元素为基石、情感链接为纽带而搭建起的一座连心桥。

课后阶段，教师团队创新评价方法，设计多维度考核内容。其中“思统小课堂”环节鼓励学生将学科特点与思政元素相统一，综合体现着学生的专业素养、应变能力、表现能力与思想高度，不仅贯穿了教师“三层次”的教学理念，也以这种灵活、创新的方式践行着“四调整”的教学思路，让学生在作品的构思与拍摄的中实现着思潮的激荡、灵感的碰撞，让学生与世界对话、与自己对话。

5.3.2 课程思政融合的内容与方法

课前问卷调查结果显示，几乎所有同学认为统计学对专业课学习、毕业论文写作及未来工作有帮助，表明学生有较强的学习需求。但财务管理、经济学专业文理兼招，文科背景的学生占比达到45%，学生需求层次差异较大，同时，学生的自我规划能力和自主学习能力欠缺，系统观念、统计认知较为薄弱，94%的同学认为统计学难学。因此，课程组老师反复探讨课程思政的内容与融合方法。

首先，基于教材内容循序渐进的三大模块，即基础知识、描述统计、推断统计，进一步明确各统计方法及其适用的变量类型，帮助学生厘清知识框架和内容。其次，以习近平新时代中国特色社会主义思想的世界观和方法论为课程思政核心元素，根据各模块、各章节具体内容，进行不同的价值塑造。

教材的第1、第2章为基础知识模块，第1章主要涉及什么是统计学以及统计学的应用。该章通过带领学生研读国家统计局发布的《中华人民共和国2023年国民经济和社会发展统计公告》[7]，使学生清晰认识到，面对复杂严峻的国际环境以及艰巨繁重的国内改革发展稳定任务，在以习近平同志为核心的党中央的坚强领导下，国民经济回升向好，高质量发展扎实推进，现代化产业体系建设取得了重要进展，科技创新实现了新的突破，社会大局和谐稳定，全面建设社会主义现代化国家迈出了坚实步伐，从而激发学生爱党爱国、爱社会主义的政治情怀和社会情怀，培育学生的理想信念，同时也大大激发学生的学习热情。第 2 章是数据的收集。在学生掌握数据来源和合理选择收集方法的同时，使学生认识到数据的引用和收集要做到诚实守信，实事求是，从而培养学生的社会主义核心价值观和辩证唯物主义世界观，增强学生的职业素养。

教材的第 3、第 4 章为描述统计模块，包括数据的概括性度量和图表展示，在学生掌握各度量性指标和图表的概念、结果分析的同时，运用各指标、图表进行经济管理分析，帮助学生树立守正创新的职业精神和增强学生的“四个自信”。同时，引用瑞幸咖啡的财务造假事件启示同学们要实事求是地处理财务数据，不能弄虚作假，培养学生的职业素养和诚实守信的社会主义核心价值观。

教材的第 5 章至第 13 章为推断统计模块，包括参数估计、假设检验、分类数据分析、方差分析、相关与回归分析等内容。在讲授具体推断统计方法前，引导学生讨论在朋友圈、微博中运用非正常样本进行推断的文章，培养学生有运用专业知识对统计滥用现象进行科学分析的社会责任感。第 8 章假设检验，在讲授一个总体均值单样本 t 检验时，通过案例多角度的分析比较，增强学生的辩证思维。第 9 章分类数据分析，通过对泰坦尼克号海难事件的数据分析，使学生掌握拟合优度和独立性检验的同时，培养学生保护弱小的品德修养、尽忠职守的职业素养。第 11 章相关与回归分析，使学生正确区分相关关系与函数关系和因果关系，以及掌握回归模型显著性检验的同时，使学生认识到事物是普遍联系的，要把握好全局与局部、主要矛盾和次要矛盾的关系，帮助学生树立系统观念，注意避免“伪回归”，养成严谨、诚信的研究态度，促进职业素养的培养。

课程思政的融入遵循适合、适时及适度三项原则，处理好课程思政要素与专业内容的准确关系、无缝衔接及量时适宜。课程思政融合采用与思政、历史、文学、人文等多学科交叉，以隐性为主，显性为辅，课内课外相结合的方式以及榜样示范法、情感陶冶法、互动讨论教学法、案例式教学法等多种方法，激发和点燃学生的内在驱动力，使思政教育入眼入耳，入脑入心，最终达到日积月累、水到渠成的效果。各模块、各章节详细的思政元素融入点及教学方法与实现路径如表 5－1 所示。

表 5－1　　课程思政融入点及教学方法与实现路径

课程内容	思政元素融入点	教学方法与实现路径
什么是统计学	理想信念：社会主义核心价值观—爱国；无私奉献精神	榜样示范法：课前线上观看开创中国概率论数理统计领域工作的一代宗师许宝騄教授的故事视频，让学生认识到“统计学”概念方法背后蕴含的统计学家们刻苦研究、严谨周密的科学精神，激发学生无私奉献和报效祖国的爱国情怀
统计应用领域	理想信念：社会主义核心价值观—爱国	启发式教学法：带领学生研读国家统计局发布的《中华人民共和国 2023 年国民经济和社会发展统计公告》，激发学生爱党爱国、爱社会主义的政治情怀和社会情怀，培育学生的理想信念，同时也大大激发学生的学习热情
统计中的几个基本概念	理想信念、职业素养：社会责任感	互动讨论教学法：通过社交媒体中常见的“看似有理，实则歪曲事实”的文章，引发学生讨论思考其他用非正常样本代替总体进行推断的现象事例，培养要有运用专业知识对统计滥用现象进行科学分析的社会责任感
数据的来源	理想信念、职业素养：诚实守信	启发式教学法：问题“为什么要对二手数据进行审核批注”引发学生思考；教师汇总发言，明确二手数据引用时要尊重他人劳动成果，不能不加甄别地“拿来主义”
调查方法	理想信念：辩证唯物主义世界观—用事实说话	讲授法：通过教师科研项目调研过程的讲解和描述，引导学生认识“没有调查就没有发言权”，要有实事求是、严谨求真的科学精神
集中趋势的度量	职业素养：开拓创新，大国工匠	案例教学法：以著名企业家曹德旺先生用管理会计分析控制成本，使夹层玻璃每平方米单耗比原来世界最佳工厂还要少 0.6 平方米的案例，激发学生追求卓越的创造精神、精益求精的品质精神
数据的整理与展示	品德修养：健康心理	案例教学法：2020 年 4 月，瑞辛咖啡自爆财务造假。在 2019 年第二季度至第四季度捏造交易，虚增虚假销售额 3.1 亿美元，相关费用，支出也有虚增。这表明相关会计人员在描述与分析财务数据时，为了所谓的利益，没有做到对财务数据实施客观真实的描述与整理。启示会计人员，在处理财务数据时一定要实事求是，坚持客观事实，坚定真理。如果虚列财务报表，对股民、相关公司都会产生巨大的不利影响
	理想信念：社会主义核心价值观—爱国	情景教学法：组织学生观看各国经济增长条形图、经济增长率折线图等动态展示的视频，使学生明白在中国共产党的领导下中国经济稳步发展，并直观地感受到人民生活水平显著提高的现状，激发学生的自豪感和爱国主义精神

续表

课程内容	思政元素融入点	教学方法与实现路径
一个总体均值的检验	理想信念、职业素养：制度自信，习近平总书记倡导的辩证思维勇于探索的学习观	比较分析法：据统计局官网最新数据设计“2021 年居民人均可支配收入是否有显著提升”问题，通过背景知识的引入，引导学生用四种解法检验得出规律，让学生不断增强制度自信和辩证思维能力，勇于探索数据规律
拟合优度检验	品德修养—保护弱小 职业修养—尽忠职守	案例教学法：以泰坦尼克号巨轮沉溺事件为例，感受保护弱小、尽忠职守的人性之美，让学生树立正确三观
一元线性回归	品德修养：坚忍毅力，执着追求	情感陶冶法：讲述运动员陈露职业生涯经历，让学生真切感受这个“了不起的回归”，引导学生感受一代代中国花滑人的坚忍毅力、坚定理想
多元线性回归模型	品德修养：社会责任，个人信用 职业素养：严谨认真	讲授法：回归分析要建立在详细理论分析基础上，有了逻辑成立的概念模型，回归分析方法才能用。如果不能将自变量和因变量之间的关系以及他们为什么有这种关系解释清楚，只是毫无事实根据的推测和臆断，即便回归分析表明变量之间所谓显著性关系，也只是“伪回归”，所以建立回归模型一定要经过严谨的理论演绎和归纳，养成严谨研究态度
在整个教学过程中，教师始终以积极向上的精神面貌为学生讲解知识，以谦虚宽容的态度对待学生出现的问题和错误，教师以身作则，言传身教，潜移默化地感化学生养成良好心态、谦虚宽容的优良品德		

参考文献

［1］高宁，王喜忠．全面把握《高等学校课程思政建设指导纲要》的理论性、整体性和系统性［J］．中国大学教学，2020（9）：17－22.

［2］施良方，张云高译．［美］D. R. 克拉斯沃尔，B. S. 布鲁姆等编．教育目标分类学（第二分册）情感领域［M］．上海：华东师范大学出版社，1989.

［3］方万里．统计学与思政课程同向同行的思考［J］．太原城市职业技术学院学报，2020（11）：5－9.

［4］汤银芬．统计学课程教学与思政教育结合的研究［J］．中国多媒体与网络教学学报，2021（1）：215－217.

［5］郭泽英，史晓辉．经管类统计学课程教学项目同步精细化研究

[J]. 大学教育，2019 (1)：84 - 86.

[6] 郭泽英，郜秀军. 统计学混合式教学融入课程思政的改革实践 [J]. 黑龙江教师发展学院学报，2023，42 (12)：60 - 62.

[7] 中华人民共和国国家统计局. 中华人民共和国 2023 年国民经济和社会发展统计公报 [EB/OL]. (2022 - 02 - 28) https：//www.gov.cn/lianbo/bumen/202402/content_ 6934935.htm.

第6章

考核评价

基于社会发展、国家战略和世界格局的需求，教育部提出要把教学改革成果落实到课程建设上，要对大学生合理地增负，以提高人才培养的质量。因此，构建与国家战略匹配、行之有效的评价体系，引导高校培育适势人才，是当前高校教学亟待解决的问题之一。2020 年，《深化新时代教育评价改革总体方案》中指出，新时代教育的评价要从总分转向项目、从纸笔转向表现、从结果转向过程。只有建立科学合理的评价体系，才能为人才培养质量保驾护航、为建设教育强国助力。

当今时代变革的大潮已然来临，随着信息化技术、现代教育技术的快速发展，实施混合式教学模式成为一种新兴的教育策略，诸多证据已经表明混合式教学能明显提高学生的自主学习能力，开展混合教学的教学方法和考核方式对过程化的学习监督及全面的学习效果评价提出了更高的要求。区别于传统课堂的教学模式，以信息技术为载体的混合课堂更加注重学生的思路前瞻性，教师的教学灵活性和考核全面性，通过拓展传统的考核方式，能够更大限度地挖掘学生每个个体的潜力，为实现课堂的实效性目标夯实基础。

6.1　存在的问题

教学模式的改革必然促使考核方式和方法也要同向同行，构建多元化的考核评价体系有利于提高学生学习的态度、自我认知和专业能力，有效的考核评价对学生发展与教师教学都有着较强的正面影响[1]。然而，现有的课程考核评价方法普遍存在着目标不明确、主次不分明的问题，偏离了全面素质教育要求。

6.1.1　课程评价以成绩导向为中心，忽视多元化达成性评价

现有课程考核普遍采用综合平时成绩与期末考试成绩的方式，并且以

期末考试成绩为主，平时表现为辅，以平时成绩与期末考试成绩的加权得分体现最终成绩，平时表现的考核占比相对较少。在传统考核方式中，期末考试仍以闭卷考试为主，且基本是结构性的考试题目，每个题目都有标准答案可参考；平时成绩大多以签到和学生作业的完成情况等方式来考核量化。在混合式教学模式的考核中，很多教师借助于课程网络教学平台的活动内容设置平时考核内容，但也基本上是以学生出勤率、观看课程平台的视频和音频的完成情况以及章节学习次数为主，由于更多的精力关注在网络教学平台的考核内容，有的老师甚至忘记了布置课后相关习题的作业，忽视了学生实际动手能力的训练过程。因此，可以看出以上课程评价体系主要集中在教学内容和学生的学习时间、学习方式上，注重的只是对教学结果的考核，片面侧重于学习结果的终结性评价，强调的是学生之间简单的成绩比较。对学生而言，采用这些评价方式无法体现其自主学习的态度和学习过程、学习能力，以及学生的团队合作能力、知识迁移成果的情况，无法衡量学生通过课程学习最终能做到什么，无法衡量学生是否具备从解决有固定答案问题的能力提升到解决开放性问题的能力，更无从谈起对学生思想动态变化的衡量。评价方式和评价标准的相对单一化，难以全面考查教学效果的达成情况，也难以综合评价学生的理论学习情况和实践操作能力[2]，既起不到促进教师改进教学活动的目的，又没办法给教师指明改进提高的重点和方向，重心发生的偏移致使评价成果不全面。考试虽然是统计学教学工作的最后一环，但并不是最终目的，在学习过程中体现的达成性评价才是考核的灵魂。

6.1.2 考核评价以理论讲授效果为中心，忽视应用型人才培养

教学目标的达成与否取决于课程考核方式设计的是否科学、合理、可行[3]。目前，大部分高校基础课程、专业课程的考核以及一般的考试课评价，期末成绩占比达 70%，平时成绩只占 30%，且平时成绩只有 3 项内

容，都是考核学生对基础知识的掌握情况，通过考试成绩评价学生的学习水平和能力，对于能力目标和素质目标几乎没有涉及，即便是有所涉及，也只是停留在书面形式，在实际教学过程中并没有落地，而且诸如此类的这种评定方式长时间占据着考核的主要部分，与学生需要掌握的能力有所脱节，不具有考核意义。尽管某些高校已将课堂发言、随堂小测验等作为过程性评价的一部分，但常常仅涉及个别知识点，缺乏系统性，以点带面，尚不能较全面地反馈并指导教学；且当前的过程性评价往往对课程的高阶性、创新性和挑战度尚无应对策略，高校的教学探索和实践尚在理论改革的门前打转。在教学改革背景下，在时代发展浪潮对人才的高标准、高质量的要求下，对学生能力量化考核的弊端也正日益显现出来。尤其是对于统计学这类课程而言，理论性、工具性较强，实践性更强，但是由于课时的约束和限制，很多老师觉得能讲授完数据的度量指标、数据的图表展示方法、均值比较的假设检验、分类数据的分析以及相关系数、方差和回归分析等各个方法并完成课后习题的练习就达成了教学目标，但是学生完成毕业论文、参加各类比赛的实际情况表明，当学生遇到实际经济管理类问题时，常常无从下手，不知道如何从实际现象中发现问题，再根据问题提出需要验证的假设，进而再收集数据进行检验[4]。因此，如果只强调统计思想和统计基本方法的掌握，也就是重理论轻应用的考核思路，不利于学生实践能力的提高，更不利于应用型人才的培养。

6.2　理论分析

培养专业应用型人是大学教育的基础，科学的考核评价方式是培养创新型人才的桥梁[5]。科学的评价体系一方面能激发学生主动学习的积极性；另一方面，教师可以通过检验学生对理论和实践知识的掌握程度及时调整教学方向，有利于培养具有较强学习能力、实践能力和创新能力的应用型人才。

教师对学生学习成果的评价中，OBE 教育理念为考核评价过程提供了思路和指引[6]。成果导向教育（Outcomes - based Education，OBE）——一种基于学习产出的新教育模式，它所强调的是以学生为中心的教学理念，其教学设计和教学实施的目标是学生通过教育过程最后所取得的学习成果，这里所说的成果是学生通过教育达到的可测量和可证明的结果，是学生通过某一阶段学习后最后能达到的最大能力，它是教育活动的核心。OBE 理念要求学习成果的设定必须具有可度量性、可观察性和可验证性，这样，评估学习成果才能更加客观地进行，评估结果的有效性和准确性才能得到保证。OBE 理念主要强调四个问题：一是我们想让学生取得的学习成果是什么？二是我们为什么要让学生取得这样的学习成果？三是我们如何有效帮助学生取得这些学习成果？四是我们怎样知道学生已经取得了这些学习成果？因此，OBE 强调教学设计和教学目标是围绕学生通过教育过程所取得的学习成果设计，重点衡量的是学生能做什么，而不是学生知道了什么。OBE 理念要求学生掌握学习内容的效果是从解决有固定答案问题的能力拓展到解决开放性问题的能力。因此，OBE 理念更加关注高阶能力，如创造性思维的能力、分析和系统综合信息的能力、筹划和组织能力等。从这个方面来看，OBE 教学理念实际上既融合了现代主义评价范式那种重视成果与目标的契合程度的思想，即追问“学生学什么”；又吸收了后现代主义的将价值判断与事实判断相结合，探究“学生所学知识的价值”的理念，是对事实性和价值性的双重把握[7]。因此，在 OBE 理念指导下的混合式教学模式改革目的，就是学生的思想意识由“让我学”向“我要学”转变，也让学生思考“学什么”“为何学”，在缓缓流淌的知识的河流之上搭建起一座联系理论与生活的桥梁。

成果导向教学理念下的教学评价强调学生的学习产出导向，是重视学生学习成果是否完成的达成性评价，而不是将学生区分为优、良、中、差的比较性评价。正如杜威的实用主义哲学所认为的，一切知识都是工具，包括思维、概念和理论，不论它们多么精致，其价值不在于自身，而在于它们造就的结果的功效以及它们能否指引人们取得成功。授课教师要清楚自己在学生学习过程中是指导者而不是主宰者，因此在教学设计时必须把握学生在课程学习结束后应达成的学习成果，其基于 OBE 理念的教学评价聚焦在学习成果上，而不是在教学内容、学习时间、学习方式上。教师应设计采用多元和梯次的评价标准，评价强调达成学习成果的内涵和个人的学习进步，不要强调学生彼此之间的比较。根据每个学生能够达到教育要求的程度，进行有针对性的评价，通过对学生学习状态的清晰掌握，为学校和教师改进教学提供参考。

对于教师来说，OBE 理念提供了更多的自主权，因为教师需要根据学生的学习需求设计课程，而不仅是传授知识。在这种教育理念下，教师在教学设计过程中的考核评估不再仅是关于学生知识掌握情况的考核，还要考虑学生的创新能力、发现问题和解决问题的能力，从而更好地反映学生的综合学习能力和成长。教师要利用多种教学方法和现代教育信息技术，支持学生的个性化学习和自主性学习。自主学习需要学生具备信息收集和处理、批判性思维、判断力和沟通技能等技能。教师需要帮助学生发展这些技能。OBE 教育理念也重视学生的积极参与和反思，这样能促使学生对自己的学习进程负责，养成不断反思学习成果的习惯，并训练针对自己的缺点和问题提出解决和改进方案，进一步提高学生的学业能力和综合素质。

素质目标属于情感领域，对情感领域教学目标落实与达成的判定既复杂又困难，很难像知识、技能目标那样可以随堂进行评价。目前，对情感领域目标的教学效果的评价仍处于探索阶段，主要的评价方法可以归为两大类，即质性研究方法（如布鲁姆认为，检验学生情感教育成果的最好方法是直接观察学生的行为）和量化研究方法（如围绕素质目标设计调查问卷）。

OBE 理念的成果导向为统计学课程的评价方式和评价内容指明了清晰的方向，使课程组教师清楚课程一切教学活动的终极目标是要衡量学生能做什么，并引导学生不断反思、总结和提升。

6.3 教学实践

统计学课程组针对传统统计学课程评价方法的局限性，结合财务管理专业和经济学专业的新需求，以培养高素质应用型人才为导向，基于成果导向教育理念，从统计学课程评价的内容、课程评价的手段以及课程评价的标准三个方面，系统研究统计学课程的评价方法，建立了全面、客观的课程评价体系，有效衡量学生的学习效果和成果，促进教师不断地改进教学过程，最终提高统计学课程的教学质量。

本团队首先通过学习通建立统计学 SPOC 平台，将教材章节内容、统计学科的经典案例、财务管理和经济学专业的相关文献、统计学等内容以微课、视频、测验等形式组织起来，以案例任务为系统载体，以小组学习、实验和汇报为组织形式，形成了教师主导、学生主体的教学结构，建立了一个教师创设情境和组织引导、学习平台智能导学、学生自主合作和个性化探究的数字化学习环境。课程改变以教师为评价主体、忽视过程性评价、注重结果性评价、考核方式单一的传统考核体系，构建了基于信息化技术的开放性与结构性并存、集过程性考核和结果性考核为一体的全过程、多元化的统计学课程评价方式。

考核的全过程表现在学生参与教学活动的整个过程均在考核范围内，将考核的过程贯穿学习的始终，使教与学始终处于良性动态中，实现了教学与评价的有机结合，明显提升了学生的综合素质及教学质量。考核机制在教学内容中的表现主要是以下三部分：课前阶段，学生按照平台通知中关于“课前学习任务单”的内容完成，主要包括各个任务点的完成、讨论区问题的发起、回复其他同学问题情况等，这部分考核从自主学习、合作讨论、独立思考等多个方面较为全面地测评了学生课前预习的积极性，同时也借助考核机制激励着学生重视课前预习、自主学习；课中阶段，主要考核学生回答老师现场提问的问题、积极参与讨论、实验和汇报情况等，教师通过现场反馈认定学生听课质量，并给予相应分值，学生也能在与老师的互动中明确自己听课情况的优劣，在观察其他同学的表现中认识到自己与优秀学生的差距，在对比的过程中得到进步；课后阶段，主要考评学生完成章节测验、思维导图、思统小课堂、阅读文献资料等情况，老师通过学习通平台能够实时观察每位学生的学习情况与质量，从而测定其掌握知识程度与课后学习的积极性。

考核评价的多元化，一是内容的多元化，如学生之间以及学生和老师之间互动的问题讨论区、思维导图、“思统小课堂”模块、实验报告的呈现结果与汇报质量等都纳入平时成绩的考核范围，灵活、全面、有效地衡量了学生的专业知识掌握程度、课堂活跃度、创新系统性思维能力、协调合作能力与沟通表达能力，将过程性成绩引入统计学教学的评价体系。二是参与的多元化，即评价主体由教师单向主导改变为由学生自评、生生互评及教师点评相结合。例如，在实验报告的撰写和汇报、答辩部分，学生承担部分评价主体。一方面，促使学生主动掌握知识，了解实验报告的内容与撰写过程从而对其他同学给出公正的评价；另一方面，也培养了学生自我的评判能力，通过对他人的评判明确自己知识掌握的程度和情况，清楚与其他同学的差距，有利于形成“你追我赶”的良好学习环境和氛围，也有助于形成更加专业、新颖、完善、规范的实验报告。

统计学课程的评价内容及各部分的权重具体如表6-1所示。

课程组将过程性评价与终结性评价相结合，改变以往考核不注重过程性评价、平时成绩所占分值较低的情况，加大平时成绩观测比例至50%。在终结性考核中，开放性的内容主要考查学生的系统观念和创新能力。例如，可以设计题目为“请利用本学期所学的统计学知识，选择一个研究课题，写出你的研究方案，包括具体的研究内容和拟采用的统计学方法”。结构性内容主要考查学生对统计学知识的掌握度。开放的过程性考核包括四个方面，分别是探索实践创新度、系统思维明晰度、课堂参与积极度、思统课堂优质度。

表 6 - 1　　评价内容及其权重分配

序号	过程性考核评价方式及成绩比例（50%）				终结性考核成绩（50%）
	探索实践创新度（40%）	系统思维明晰度（30%）	课堂参与积极度（20%）	思统课堂优质度（10%）	
1	根据团队教师科研项目提炼的案例设计实验报告，发现实际问题并实践系统性解决问题的创新程度，以分组实验报告任务形式提交至课程平台				期末采取开卷考试形式，设计结构性和开放性问题，在注重掌握知识的基础上，注重考核应用、分析及创造、系统性等高层次认知能力
2		绘制每章、每个模块思维导图的逻辑性、清晰性、完整度，以作业形式提交至课程平台			
3			课前提出需要解决的问题、回答问题、参与讨论等的积极程度，平台自动统计		
4				结合统计学知识点和及其涉及的思政元素，以小组为单位自编、自导、自拍、自演、自剪辑的思统小视频的契合度、时代性，以分组思统小视频任务提交至课程平台	

探索实践创新度主要考核学生系统性思维的构建和运用统计学知识及系统思维分析、解决实际问题的创新能力，其占比最高为40%，主要包括学生基于TBL完成和汇报案例实验报告的情况。在围绕教学案例进行每次实验的环节，通过设置分组活动以小组为单位讨论完成一份实验报告并提交到课程平台，教师查看每个小组的实验报告并统计存在的问题后，在线下课堂挑选存在明显问题的若干小组进行实验报告的汇报，其余小组发现存在的问题并提出自己的疑问，学生讨论不能解决的问题由教师进行答疑解惑。最后，教师安排各小组可以提交改进后的实验报告，并根据改进后的实验报告进行评价。在实验报告完成和汇报的过程中，教师要注意把握好时间，灵活安排汇报的小组数量和每个小组汇报的时间，防止超过原有教学计划表的时间进度安排；对于没有参加实验报告汇报的小组，教师可以让这些小组录制汇报视频并上传到课程平台“分组活动”的方式完成，随后教师线上打分评价。

系统思维明晰度主要考核学生自行利用软件或手绘完成每章或某个模块思维导图的情况，占比为30%。思维导图的整个版面形式、具体内容和重难点的标注等都是学生自己通过课下复习教学内容进行总结和设计。教师设计具体的关于思维导图的评价量规。在每个同学思维导图通过作业的形式提交到统计学课程SPOC平台后，教师对每一份思维导图进行评价打分，并提出改进的建议。同时，教师将完成较好的思维导图标注清楚学生的学号和姓名以及专业，然后上传至平台各章节的“思维导图”模块，给其他同学提供参考和学习的资料。学生部分优秀思维导图如图6-1所示。

课堂参与积极度主要考核学生线上线下参与教学过程的积极性，其占比为20%，包括学生在线上和线下提出问题、回答问题、发布讨论主题和回复以及其他课堂讨论的参与情况，这方面的考核主要通过学习通平台的“活动”工具栏中“随机选人、抢答、随堂练习、主题讨论”等手段实现，在平台设置好成绩权重的前提下由平台自动完成本项成绩的统计。

图 6－1　学生部分优秀思维导图

思统课堂优质度主要考核学生通过统计学教学对思政教育的体会和认识，其占比为 10%，考核办法是在课程主要知识点结束的前四周左右，教师安排学生以小组为单位，结合对统计学课堂中随机融入的课程思政元素和案例的理解和认识，小组自行查找资料、确定地点，自编、自导、自演、自拍、自剪辑一个 3 分钟左右的“思统小视频”，作为考核评价的一个内容。如果学生有提交此视频，则基于评价标准打分，反之则没有此项分数。本项考核设置提交的平台通道，如可以提交到讨论区，对各个小组采取自愿提交的原则，并不强迫所有学生必须提交。这样既不给学生增加负担，也给有能力的学生提供一定展现自己的机会。截至目前，学生以小组为单位在课程平台已经提交 26 个思统小视频，其中优秀的 15 个，内容和形式丰富多样，统计学知识和思政元素突出。“思统小课堂”的实践既锻炼了学生的社交、沟通与表现能力，更培养学生从课堂主导者角度出发，以视频为载体，构思整个课堂的设计与实践，提升其系统性思维能力，加强学生的综合素质培养。

除以上评价组成部分外，统计学课程还设计了各部分评价内容的有梯次的评价标准，如表 6－2 所示。每个评价内容均设计了五个梯次，每个梯次均有对应的评价标准和分值范围。评价内容均在课程 SPOC 平台设置并完成自动统计，期末时点击平台的“导出成绩”即可，过程方便真实且有效。

表 6－2　各评价内容总的评价标准

考核内容	评价标准				
	90～100 分	80～89 分	70～79 分	60～69 分	0～59 分
探索实践创新度	案例实验分析实事求是，将案例合理转化为统计学问题，发现新颖的实际问题，并创新性地分析解决	案例实验分析实事求是，将案例合理转化为统计学问题，发现新颖的实际问题，基本解决问题	案例实验分析存在部分仿照，将案例部分转化为统计学问题，发现一般问题并基本解决	案例实验分析存在部分仿照，将案例部分转化为统计学问题，发现一般问题但未能解决	案例实验分析存在完全仿照，将案例部分转化为统计学问题，未发现实际问题

续表

考核内容	评价标准				
	90～100分	80～89分	70～79分	60～69分	0～59分
系统思维明晰度	绘制每章、每个模块的思维导图逻辑清晰且完整，重难点突出	绘制每章、每个模块的思维导图逻辑较清晰且完整，部分重难点突出	绘制每章、每个模块的思维导图逻辑较清晰，内容不全面	绘制每章、每个模块的思维导图内容简单罗列且不完整	绘制的思维导图仅有各个标题，无重难点
课堂参与积极度	主动学习，积极回答和参与讨论、主题回复	学习较主动，回答和参与讨论、回复讨论主题较为主动	学习态度一般，讨论积极性一般	学习态度一般，讨论不积极	学习不主动，讨论不积极
思统课堂优质度	思统小视频与统计学知识联系紧密，设计思路清晰，观点鲜明	思统小视频与统计学知识联系紧密，设计思路较清晰，有观点	思统小视频体现统计学知识，设计思路一般，有观点	思统小视频体现统计学知识，观点不明确	思统小视频不规范，模仿其他小组

针对实验环节的探索实践创新程度的考核，课程组还详细制订了关于案例实验报告的具体评价量规，包括整体设计、内容分析、案例转化、图表设计、汇报展示五个内容的精细化评价规则和对应分值范围，具体如表6－3所示。实验报告的分组活动采用教师评价、组内评价、组间互评等多元化评价方法。

表6－3　案例实验报告的评价量规

分类	评分标准		分值（分）
整体设计（10分）	实验报告整体设计系统规范		8～10
	实验报告整体设计部分规范		6～7
	实验报告整体设计较为凌乱		3～5
分析内容（50分）	实事求是（15分）	分析过程实事求是	15
		分析过程部分仿照	9～14
		分析过程全部仿照	8
	发现问题（15分）	发现新颖问题并合理解决	14～15
		发现一般问题并合理解决	11～13
		发现一般问题未解决	9～10
		未发现问题	7～8

续表

分类	评分标准		分值（分）
分析内容（50 分）	方法步骤，结果解读（20 分）	方法步骤全面，结果计算正确，解读合理	18～20
		方法步骤一般欠缺结果计算正确，解读部分偏差	13～17
		方法步骤严重欠缺结果计算部分正确，解读部分偏差	11～12
案例转化（20 分）	案例转化为统计学问题正确合理		18～20
	案例转化为统计学问题部分偏差		12～17
图表设计（10 分）	图表设计内容精简规范		8～10
	图表设计内容无序冗杂		2～7
汇报展示（10 分）	汇报流畅解答合理		8～10
	汇报含糊解答不清		2～7

各章、各模块思维导图的绘制，不仅可以训练学生的系统思维能力，而且可以激发学生的创新思维。因此，课程组也非常重视思维导图的绘制和批阅，并制订了整体设计的布局、主题、书写，以及知识梳理的内容、概念、重难点、总结提炼等多个方面的评价标准和分值范围。具体如表 6－4 所示。

表 6－4　思维导图评价量规

分类	评价标准		分值（分）
整体设计（30 分）	布局（10 分）	布局新颖，层次分明	8～10
		布局一般，层次一般	5～7
		布局混乱，层次不清	1～4
	主题（15 分）	主题突出，关键词明确	13～15
		主题突出，关键词不明	5～12
		主题不清，关键词不明	1～4
	书写（5 分）	书写工整，公式清晰	4～5
		书写一般，公式不清	2～3

续表

分类	评价标准		分值（分）
知识梳理（70分）	内容（25分）	内容系统全面，富有逻辑	23～25
		内容比较系统连贯	18～22
		内容不连贯，整体缺乏逻辑	13～17
	概念（15分）	概念全部正确	15
		概念部分正确	8～14
	重难点（15分）	重难点突出	13～15
		重难点不明	8～12
	总结提炼（15分）	总结提炼简洁精准	13～15
		总结提炼粗糙简略	8～12

综上所述，为检验学生学习统计学课程之后，在思想认识方面是否发生变化，并且能否内化为自己的行为，课程组设计了开放式的思统小课堂，主要安排学生以小组为单位提交“思统小视频”，但采取学生自愿的原则提交。针对学生提交的视频，制订了精细化的评价量规和对应分值范围，方便教师考核评价，具体内容如表6－5所示。

表6－5　思统小视频评价量规

分类	评价量规		分值（分）
作品内容（60分）	主题思想（5分）	主题明确，内容健康向上，价值观导向良好，能调动观众积极情绪	3～5
		价值观正确但主题模糊，情绪导向普通	1～2
	知识衔接（45分）	涉及多种统计学知识，与思政元素高度结合，两者有紧密的逻辑关系	43～45
		涉及一种统计学知识，且结合思政元素，逻辑关系大致顺畅	28～42
		统计学知识和思政元素简单堆砌，生搬硬套	17～27
	逻辑结构（10分）	剧情按一定顺序发展，叙事连贯，逻辑清晰	8～10
		剧情发展脉络不清，转折生硬，缺少逻辑	1～7

续表

分类	评价量规		分值（分）
编辑制作（25分）	出境表现（10分）	演员台词熟练流利，断句清楚，表演连贯	10
		演员不熟悉台本，表演不连贯	4~9
		表演生硬，演员忘词、笑场	1~3
	作品制作（10分）	配乐得当，字幕规范；视频播放连贯，不卡帧、跳帧	8~10
		缺少配乐，字幕延迟/提前出现；视频播放卡顿	1~7
	视频结构（5分）	封面清晰，有片头片尾和小组分工说明	5
		封面模糊，缺少片头/片尾和小组分工说明	1~4
创新性（15分）	表达形式（6分）	拍摄手法、剧情题材新颖	4~6
		拍摄手法、剧情题材普通	1~3
	思想蕴含（9分）	结合时局热点、经典话题	9
		未结合时局热点话题	4~8

基于超星泛雅平台构建多元化、有梯次的考核体系，不仅为顺利开展混合式教学模式提供了有力的保障，通过线上平台可以加大学生学习的外部监管力度，从而使学生的自主学习有了有效驱动力；而且由于考核的评价形式和主体的多元化，增加了对学生学习效果的考核维度，培养了学生评判性思维和课堂参与积极性，衡量了学生能做什么，考核了学生学习成果的达成性情况。

参考文献

[1] 史晓辉，郭泽英．经管类统计学课程考核评价体系构建——基于层次分析法的一般院校本科生培养视角分析［J］．大学教育，2019（10）：14－16.

[2] 曾慧．统计学一流课程建设探索与实践［J］．统计理论与实践，2022（9）：69－72.

[3] 范宝安，刘凯开，颜家保等．工程教育认证背景下通过教学环节改革提升教学目标和毕业要求达成情况的研究［J］．当代化工研究，2021（22）：133－135.

[4] 郃秀军. 综合手段解决研究生学习《统计学》困难的思路与实践 [J]. 现代经济信息，2021（1）：180－182.

[5] 顾铁凤，贾月梅，武瑛等. 基于创新型人才培养的高校学生考核评价体系构建——以工科专业为例 [J]. 教育理论与实践，2017（24）：9－11.

[6] 杨绳岩，李宏林，高晓宝. 基于工程认证的专业创新实验混合式教学模式的设计与探索——以铌酸钾钠基无铅压电陶瓷的制备及性能研究为例 [J]. 商丘师范学院学报，2022，38（12）：83－86.

[7] 谢雨宸，刘鹏. 基础教育课堂教学综合评价体系建构的理论逻辑与实践路径 [J]. 中国教育科学（中英文），2024，7（1）：150－159.

第7章

建设成效

统计学课程落实立德树人的根本任务，在新文科背景下，切实遵循 OBE 教育理念，以建构主义理论为理论基础，设计了“学—教—做—思”一体化混合式教学，构建并实践耦合同一案例的“三阶九环”混合式教学模式，通过探索形成“一案例五翻转”的系列化实验内容。统计学课程结合自身专业特点，通过细化课程价值目标，深耕课程思政因素，革新优化教学教法，从课程建设、学生培养、师资建设三个方面全面提高了课程教学改革的实效。

7.1　课程建设方面

通过课程组的努力，目前统计学课程在学银在线平台开设 7 期，其中基于 SPOC 平台实践混合式教学 5 个学期，实施“三阶九环”混合式教学模式 4 个学期。在课程内容与资源建设及应用方面，截至第 6 期末，课程平台累计选课人数 1195 次，累计互动次数为 7119 次（见图 7－1），已有授课视频 76 个，视频总时长为 678 分钟，测验和作业的习题共 919 道，课程公告 48 次，文档 46 个，音频、动画及其他资源总数均由第 4 期的零个分别增加为 5 个、4 个和 2 个（见图 7－2）。

图 7－1　最近一期（第 6 期）统计学课程累计选课人数、累计互动次数等信息

图 7-2　最近一期（第 6 期）统计学课程资源基础统计数据截图

同时，在课程平台共享学生优秀的思维导图 38 幅，学生优秀的实验报告 58 篇，引用 CSSCI 期刊文献 44 篇，引入国家一流课程教学微视频 9 个，以视频、案例、名言警句等多样化形式有机融入课程思政元素和案例 14 个，创新设计的“思统小课堂”上传学生多主题的优秀“思统小视频”15 个。根据团队教师科研项目、学生优秀毕业论文、能源经济学术创意大赛等共提炼 7 个用于系统性实验分析的案例，围绕各案例共设计 92 个探究性实验问题（部分案例的实验目录见图 7-3），每学期基于 TBL 和翻转课堂进行每个案例 5 次的实验报告展示、评价和改进，有效实施了“一案例五翻转”的系列化实验过程。

图 7-3　统计学课程部分案例的实验内容

7.1.1　课程活动总数

统计学课程的课程活动总数是指教师和学生在本课程中教、学行为活动的总数量。课程最近一期的课程活动数如图 7－4 所示。从图 7－4 可知，在最近一期，即 2023～2024 学年第一学期的课程活动总数达到 25576 次，虽然比第 4 期的 31519 次活动总数少，但是第 6 期已恢复为线下教学，因此比较而言其课程活动数量较多。

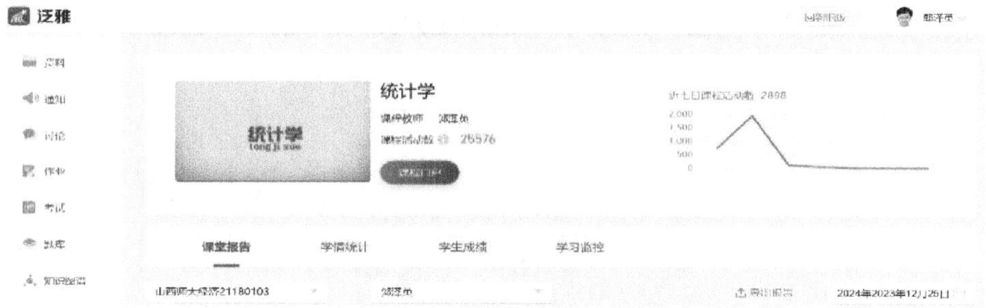

图 7－4　最近一期统计学课程活动总数截图

7.1.2　通知发布情况

统计学课程 SPOC 平台数据显示，最近一期共发布通知 48 个，包括课前任务通知、作业通知、温馨提示等。统计学课程部分在线通知发布如图 7－5 所示。

7.1.3　任务点完成、音视频观看、讨论学习情况

最近一期统计学课程共发布任务点 129 个，章节学习次数达 12403 次。学生在线任务完成数、视频观看时长及章节学习次数情况如图 7－6 所示。

图 7－5　最近一期统计学课程在线通知发布情况截图（部分）

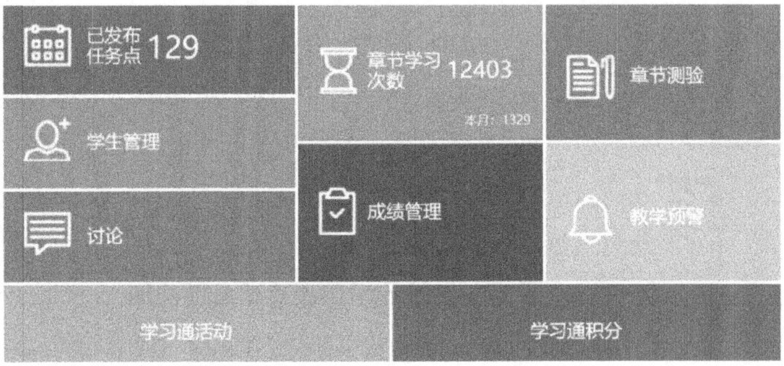

图 7－6　最近一期统计学课程经济学 21180103 班学生章节学习次数截图

7.1.4　学生发帖回复讨论情况

在课程讨论区中教师与学生、学生与学生可以实现多维度互动，实时解决自己的疑问，并且能够在一定程度上消除网络学习的孤独感，指导教师也可以通过讨论区了解学生的学习情况，及时了解学情，与学生形成良性互动，为线下课堂教学做好充足的准备。课程在线讨论统计结果及部分讨论截图如图 7－7 所示。从图中可以看出，在 2023 年 10 月 20 日新增讨论数达到最大，并接近 100 次；左下角的数据显示该班学生在最近一期的累计讨论数达 535 次，表明学生更加深入地思考了学习的内容，并能产生更多的问题或观点，学生之间的互动也增加，课程具有了良好的学习氛围，学生逐渐消除了学习统计的畏难情绪，发现问题并解决问题的能力增强。

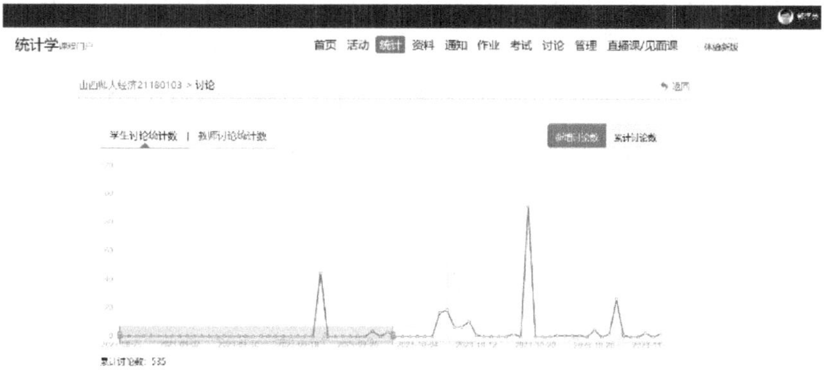

图 7－7　最近一期经济学 21180103 班部分学生在线发帖回复讨论情况截图

从图 7－7 还可以看出，学生除了积极回复老师提出的问题外，也主动发帖提出自己的问题，团队教师及时回复同学们提出的疑问，帮助同学们明白学习过程中遇到的问题，因材施教，为学生营造了良好的学习情境。

7.1.5　章节任务点学习情况

经济学 21180103 班学生在线章节任务点学习情况如图 7－8 所示，从中可以看出，章节任务点共 129 个，比第 4 期多 23 个；非任务点 39 个，比第 4 期少 12 个，内容进行了优化。该班最快进度是全部完成任务点，平均完成 112 个，75% 的学生完成 103 个以上任务点。

图 7－8　最近一期经济学 21180103 班学生章节任务点学习情况截图

根据统计学课程的设计与实践充分挖掘、提炼课程中的真善美，把课堂变成了思政与专业无缝衔接的一流课程，打造了有情、有义、有温度、有爱的课堂，最终达到教学内容理实结合、与时俱进，教学资源立体多元、丰富完整，教学方法适用性强、灵活多样，教学评价全程多维、规范严谨的课程教学效果。2021 年，统计学课程被认定为山西省混合式一流课程，2022 年统计学课程被立项为校级课程思政示范课。

7.2 学生培养方面

大学生在大学里受益最直接、最核心、最显效的就是课程。统计学课程组本着教书育人的初心不变，坚持以学生为中心的理念不变，积极探索统计学课程教学改革，学生的学习成绩和课程教学效果明显。下面以最近两学期学生成绩的统计分析及结果进行说明。

最近两学期，即 2022 ~ 2023 学年第一学期与 2023 ~ 2024 学年第一学期，经济学专业 6 个班级开设统计学课程，其中课程团队教师在经济学专业 2 个班级进行混合式教学改革。6 个班级的任课教师均统一研讨课程的教学内容，考试采用统一的试题。具体情况如表 7 – 1 所示。

表 7 – 1　统计学课程最近两学期的开设班级及混合式教学改革实施班级

学期	班级	班级别称
2022 ~ 2023 学年第一学期	经济学 20180103 班	混合式教学班 1
	经济学 20180102 班	传统教学班 1
	经济学 20180101 班	
2023 ~ 2024 学年第一学期	经济学 21180103 班	混合式教学班 2
	经济学 21180102 班	传统教学班 2
	经济学 21180101 班	

注：混合式教学班表示此班级实施了混合式教学改革，传统教学班代表此班级采用传统教学，未进行混合式教学改革。混合式教学班 1、教学班 2 分别代表两个学期实施混合式教学改革的两个班级，即经济学 20180103 班、经济学 21180103 班。同理，传统教学班 1、教学班 2 分别为未实施混合式教学改革的相应班级。

为了分析统计学课程教学改革是否有相应的教学效果，将混合式教学班与传统教学班以及两期混合式教学班的成绩进行了一系列的对比和分析。同时，为了便于比较，将每个学期的两个传统教学班的成绩合并进行相应的统计比较分析，具体内容如下。

7.2.1 2022～2023学年第一学期的学生成绩统计分析

（1）传统教学班1与混合式教学班1的学生成绩对比分析。

根据学生的统计学成绩，分别计算其均值、标准差以及离散系数（见表7－2）。由表7－2可知，传统教学班1的最高成绩和成绩均值均相对较大，分别为96分和79.75分，但是，同时发现其离散系数要高于混合式教学班1的离散系数。

表7－2　　2022～2023学年第一学期学生成绩分布的特征值

班级	最高成绩（分）	最低成绩（分）	成绩均值（分）	标准差（分）	离散系数
传统教学班1	96	30	79.75	14.08	0.18
混合式教学班1	92	53	71.54	9.62	0.13

在表7－2中，虽然混合式教学班1的成绩均值和最高成绩稍低于传统教学班1，但是其离散系数也低于传统教学班1，说明其整体成绩较为稳定，成绩的发散程度相对较低。传统教学班1的最高成绩分值（96分）和最低成绩分值（30分）也显示了其统计学成绩的发散程度较高。2022～2023学年第一学期整个学期为线上上课，虽然给实施混合式教学带来了巨大的阻碍，但是团队教师在教学过程中，引导鼓励学生充分利用自由、个性化的时间进行课前自主学习，主动提出问题；课中在腾讯会议上积极与学生互动，充分利用现代信息化技术进行线上互动和评价，调动学生的学习兴趣和参与度，最终学生的成绩稳定，课程评价均满意。

根据学生成绩绘制成绩分布的箱线图（见图7－9），图形呈现相同的结果。从图中可以看出，虽然传统教学班1的最高成绩、平均成绩和成绩中位数较高，但是其存在 4 个离群点；混合式教学班 1 的箱线图表明全班成绩分布均匀，几乎对称。

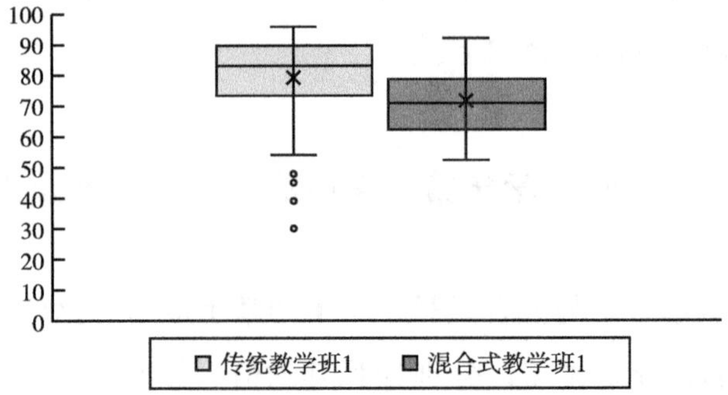

图 7－9　2022～2023 学年第一学期学生成绩箱线图

对传统教学班 1 和混合式教学班 1 的成绩进行分数段的划分，设定为不及格、及格、中等、良好、优秀共五个类别，不及格为分数在［0～60）区间，及格为分数在［60～70）区间，中等为分数在［70～80）区间，良好为分数在［80～90）区间，优秀为分数在［90～100］区间，各区间成绩分布频数及百分比如表 7－3 和图 7－10 所示。

表 7－3　　2022～2023 学年第一学期学生成绩类别分布统计

班级	变量	［90～100］（优秀）	［80～90）（良好）	［70～80）（中等）	［60～70）（及格）	［0～60）（不及格）	合计
传统教学班 1	人数（人）	28	28	18	7	8	89
	百分比（%）	31.46	31.46	20.22	7.87	8.99	100
混合式教学班 1	人数（人）	1	10	15	19	1	46
	百分比（%）	2.17	21.74	32.61	41.30	2.17	100

从表 7－3 可以发现，传统教学班 1 的优秀人数占比大大超过混合式教学班 1，但是其不及格人数的占比也较大，学习成绩存在两极分化。从图 7－10 可以直观看出，传统教学班 1 的成绩存在一定的波动，混合式教学班 1 中相对更多的同学达到了及格分数及以上，优秀成绩的人数和不及格的人数相当。

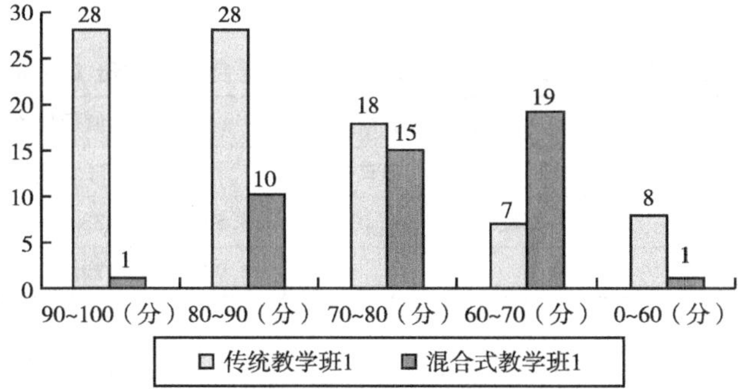

图7-10　2022~2023学年第一学期学生成绩分布柱状图

为了直观地显示学生成绩各类别的分布情况，绘制成绩分布的折线图（见图7-11）。从图中可以看出，混合式教学班1的不及格人数占比小，虽然有一定的左偏倾向，但分布曲线呈现近似正态分布，分布相对均匀；而传统教学班1的成绩中，虽然优秀人数占比较多，但分布曲线较为陡峭，极端现象较为明显。

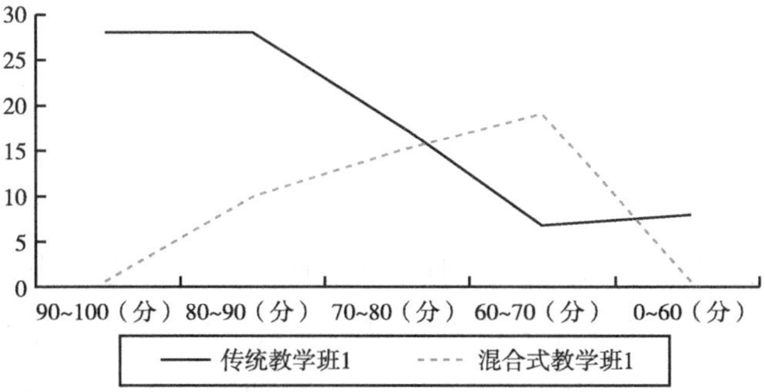

图7-11　2022~2023学年第一学期学生成绩分布折线图

（2）传统与混合式教学模式下学生成绩差异的显著性检验。

为了比较传统教学模式的统计学成绩均值是否显著高于混合式教学模式的成绩均值，选取混合式教学班1和传统式教学班1为两个对应总体的样本，根据样本信息，将传统教学班1的成绩均值高于混合式教学班1的成绩均值作为备择假设，给定显著性水平0.05，运用SPSS软件进行了假设检验，具体检验结果如表 7－4 所示。

表 7－4　传统教学班 1 的统计学成绩是否高于混合式教学班 1 的显著性检验

		莱文方差等同性检验		平均值等同性 t 检验		
		F	显著性	t	自由度	显著性（双尾）
统计学课程成绩	假定等方差	2.663	0.105	3.546	133	0.001
	不假定等方差			3.986	122.813	0.000

由表 7－4 可知，方差等同性检验结果显示 P 值为 0.105，大于 0.05，因此不能拒绝原假设，可认为两个总体等方差。在等方差的条件下 P 值为 0.001，小于 0.05，因此拒绝原假设，说明传统教学班 1 的统计学成绩显著高于混合式教学班 1 的成绩。这样的结果可能是因为 2022～2023 学年第一学期为全学期线上上课，虽然团队教师精心设计和组织每一节线上课程，保持学生成绩的稳定，但是由于单纯的线上上课，教师难以实施线上线下混合式教学，运用腾讯会议形式的课堂教学无法实现面对面的教学，很难有效地引导学生进行讨论和深度探究，因此教学效果低于传统教学班。

7.2.2　2023～2024 学年第一学期的学生成绩统计分析

（1）传统教学班 2 与混合式教学班 2 的学生成绩对比分析。

根据学生的统计学成绩，分别计算其均值、标准差以及离散系数（见表 7－5）。由表 7－5 可知，虽然传统教学班 2 的最高成绩相对略大，为 95.5 分，但是，其成绩均值明显低于混合式教学班 2 的平均成绩，离散系数大大高于混合式教学班 2 的离散系数。

表 7－5　2023～2024 学年第一学期学生成绩分布的特征值

班级	最高成绩（分）	最低成绩（分）	成绩均值（分）	标准差（分）	离散系数
传统教学班 2	95.5	44	80.13	11.46	0.14
混合式教学班 2	93.88	71.14	86.43	4.43	0.05

在表 7－5 中，传统教学班 2 的最高成绩分值（95.5 分）和最低成绩

分值（44 分）显示其统计学成绩的发散程度较高；而混合式教学班 2 最高成绩分值（93. 88 分）和最低成绩分值（71. 14 分），离散系数 0. 05 远低于传统教学班 2 的 0. 14，说明其整体成绩较为稳定，该学期实施的系统耦合同一案例的“三阶九环”混合式教学模式中引导鼓励学生充分利用自由、个性化的时间进行课前基础知识的自主学习，主动提出问题和疑问；课中在课堂上精讲答疑，引导学生对实际问题进行深度讨论和探究，充分利用现代信息化技术进行线上互动和评价，调动学生学习兴趣和参与度，最终学生的成绩稳定，课程评价均满意。整个教学过程带来了良好的教学效果。

根据学生成绩绘制成绩分布的箱线图（见图 7 – 12）。从图中可以看出，两个班级都分别存在 2 个分数较低的离群点，但传统教学班 2 的箱线图中上相邻值与下相邻值之间的距离相对较宽，即成绩离散度相对较大，而混合式教学班 2 箱线图的上、下相邻值之间距离相对较窄，即成绩相对集中，分布均匀，几乎对称，混合式教学班 2 的整体成绩稳定。从图 7 – 12 还可以看出，虽然传统教学班 2 的最高成绩稍微较高，但平均成绩和成绩中位数都相对较低，而混合式教学班 2 的平均成绩和成绩中位数都相对较高。

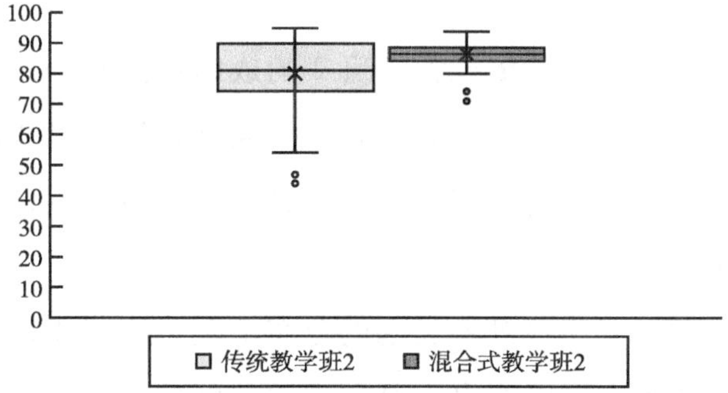

图 7 – 12　2023 ~ 2024 学年第一学期学生成绩箱线图

同理，对传统教学班 2 和混合式教学班 2（其中一人缓考）的成绩进行分数段的划分，各区间成绩分布频数及百分比如表 7 – 6 和图 7 – 13 所示。从表 7－6 可以发现传统教学班 2 的优秀人数占比大于混合式教学班 2，但是其存在及格和不及格区间段的人数，且存在一定占比，学习成绩存在两极分化。混合式教学班 2 全部同学均在 70 分以上。

表 7－6　2023～2024 学年第一学期学生成绩类别分布统计

班级	变量	[90～100]（优秀）	[80～90)（良好）	[70～80)（中等）	[60～70)（及格）	[0～60)（不及格）	合计
传统教学班 2	人数（人）	21	32	26	6	7	92
	百分比（%）	22.8	34.8	28.3	6.5	7.6	100
混合式教学班 2	人数（人）	7	35	2	0	0	44
	百分比（%）	15.91	79.55	4.54	0	0	100

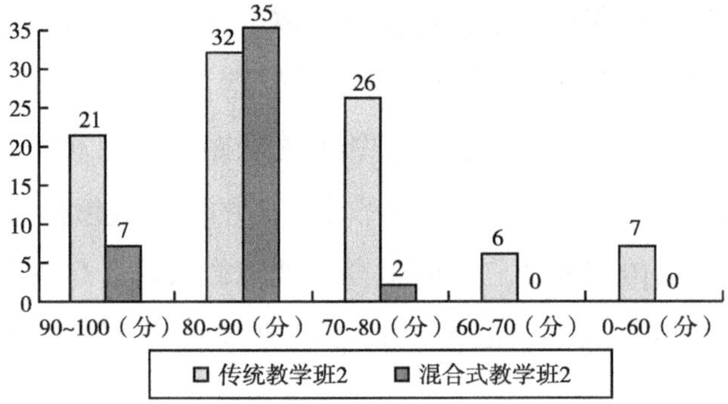

图 7－13　2023～2024 学年第一学期学生成绩分布柱状图

从图 7－13 可以发现，传统教学班 2 的成绩依然有一定的波动，存在两极分化的现象，良好和中等的人数相当。混合式教学班 2 的成绩相对集中，所有同学都达到了中等及以上，良好分数的人数最多，其次是优秀分数的人，中等分数的人最少。

为了直观地显示学生成绩各类别的分布情况，绘制成绩分布的折线图（见图 7－14）。从图中可以看出，混合式教学班 2 的成绩呈现轻微的右偏分布，但分布曲线呈现近似正态分布，分布相对均匀；而传统教学班 2 呈现一定的右偏分布，虽然优秀人数占比较多，但其他区间段均有人数分布，曲线陡峭，极端现象依然明显。

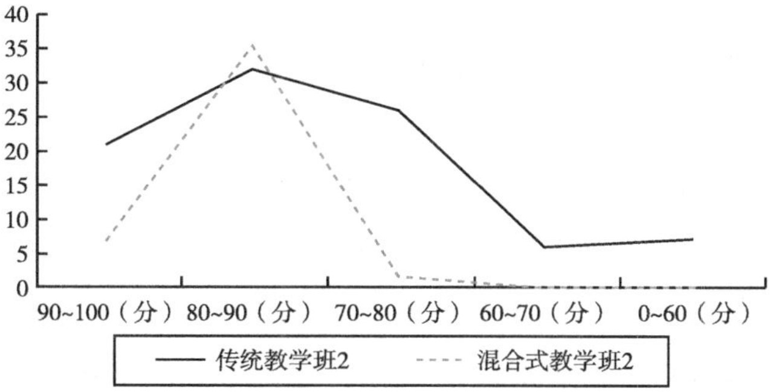

图 7－14　2023～2024 学年第一学期学生成绩分布折线图

（2）传统与混合式教学模式下学生成绩差异的显著性检验。

为了比较混合式教学模式的统计学成绩均值是否显著高于传统教学模式的成绩均值，将混合式教学模式的成绩均值高于传统教学模式的成绩均值设定为备择假设，选取混合式教学班 2 和传统式教学班 2 为两个对应总体的样本，给定显著性水平 0.05，运用 SPSS 软件进行了假设检验。具体检验结果如表 7－7 所示。

表 7－7　混合式教学模式的统计学成绩是否高于传统教学模式的显著性检验

		莱文方差等同性检验		平均值等同性 t 检验		
		F	显著性	t	自由度	显著性（双尾）
统计学课程成绩	假定等方差	26.725	<0.001	−3.521	134	<0.001
	不假定等方差			−4.606	129.943	<0.001

由表 7－7 可知，方差等同性检验结果显示 P 值小于 0.001，且小于给定的显著性水平 0.05，因此拒绝原假设，说明两个总体方差不等。在方差不等的条件下 P 值小于 0.001，小于显著性水平 0.05，因此拒绝原假设，说明两个混合式教学模式下的统计学成绩显著高于传统教学模式下的成绩。混合式教学模式下的成绩比传统教学模式的成绩更加稳定，更加集中，团队教师精心设计和组织实施的混合式教学改革的效果优于传统教学模式。

7.2.3 混合式教学班1与混合式教学班2的学生成绩统计分析

（1）混合式教学班1与混合式教学班2的学生成绩对比分析。

对两个混合式教学班级分别计算其均值、标准差以及离散系数（见表7-8）。由表7-8可知，混合式教学班2的最高成绩、最低成绩和成绩均值均高于混合式教学班1对应的成绩，且标准差和离散系数也低于混合式教学班1。

表7-8 两个混合式教学班级学生成绩分布的特征值

班级	最高成绩（分）	最低成绩（分）	成绩均值（分）	标准差（分）	离散系数
混合式教学班1	92	53	71.54	9.62	0.13
混合式教学班2	93.88	71.14	86.43	4.43	0.05

进一步分析发现，混合式教学班2的最高成绩从混合式教学班1的92分增长到93.88分，最低成绩由53分提高到71.14分，且成绩均值从原来的71.54分提高到了86.43分，而且标准差显著减小，离散系数由原来的0.13减小到0.05，统计学课程总体成绩发散程度大大降低，更加稳定、集中。这说明混合式教学模式在实践、经验积累的基础上，教学效果的优势逐渐凸显。

根据学生成绩绘制成绩分布的箱线图（见图7-15），两个混合式教学班级成绩均相对集中，分布均匀，几乎对称，但仍然还存在很多差异。混合式教学班1的箱线图中的上下相邻值之间的距离相对较宽，即成绩离散度比混合式教学班2相对较大，混合式教学班2箱线图的上下相邻值之间距离相对较窄，成绩非常集中。从图7-15还可以看出，虽然混合式教学班2存在两个离群点，但其平均成绩和成绩中位数都相对较高。这说明混合式教学实施的效果越来越好。

按照上述成绩区间划分标准，现对两个混合式教学班级的各区间成绩分布频数及百分比进行统计和比较，如表7-9和图7-16所示。从表7-9

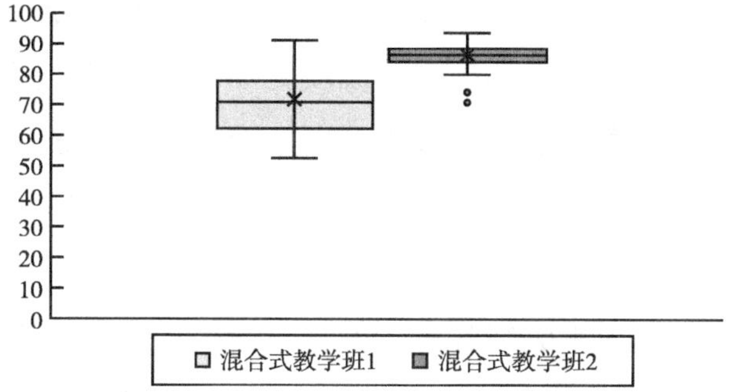

图7－15　两个混合式教学班级学生成绩箱线图

可以发现，混合式教学班2的优秀、良好人数占比远远大于混合式教学班1，而混合式教学班1还存在一定比例的及格和不及格人数占比。整体来说，混合式教学班2的学生成绩更加集中，且均匀分布在优秀和良好区间，这说明混合式教学模式对学生综合成绩的提高起到了良好的效果。

表7－9　两个混合式教学班级学生成绩类别分布统计

班级	变量	[90～100]（优秀）	[80～90)（良好）	[70～80)（中等）	[60～70)（及格）	[0～60)（不及格）	合计
混合式教学班1	人数（人）	1	10	15	19	1	46
	百分比（%）	2.17	21.74	32.61	41.30	2.17	100
混合式教学班2	人数（人）	7	35	2	0	0	44
	百分比（%）	15.91	79.55	4.54	0	0	100

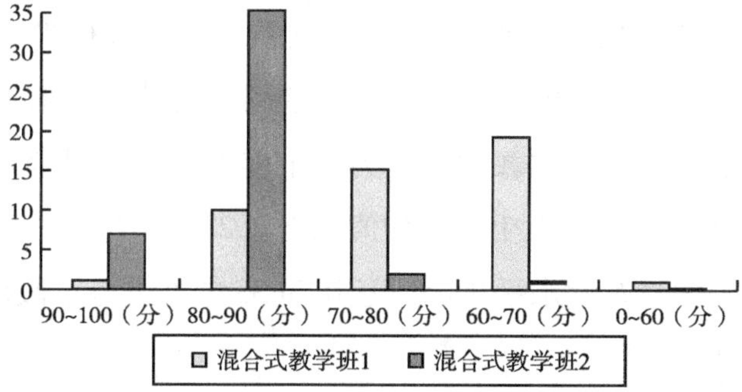

图7－16　两个混合式教学班级学生成绩分布柱状图

从图 7－16 可以发现，虽然混合式教学班 1 的成绩分布相对均匀，且近似正态分布，但混合式教学班 2 的成绩更好，该班成绩基本集中在良好区间，优秀人数和中等人数相对较少，更加近似正态分布，说明全班同学的成绩分布均匀性更优，更加体现了混合式教学模式良好的效果普及每一位学生。

为了直观地显示学生成绩各类别的分布情况，绘制成绩分布的折线图（见图 7－17）。从图中可以看出，混合式教学班 1 呈左偏分布，混合式教学班 2 呈右偏分布，但两个班级的成绩分布曲线均呈现近似正态分布，分布相对均匀。混合式教学班 1 的成绩集中在及格区间，其他区间人数相对较少，而混合式教学班 2 的成绩集中在良好区间，均分布在中等及中等以上，整体质量更优。

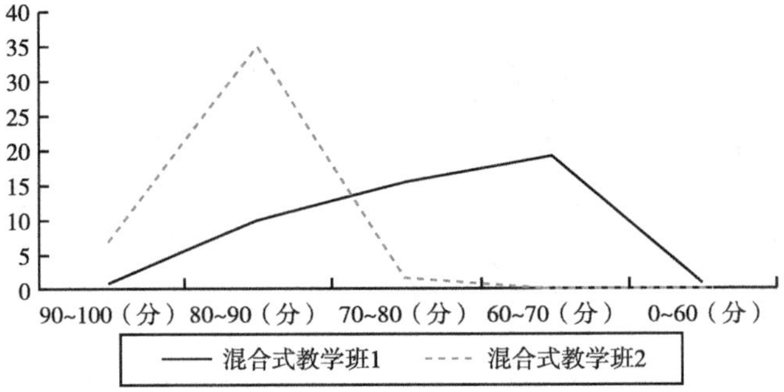

图 7－17　两个混合式教学班级学生成绩分布折线图

（2）混合式教学模式下两期学生成绩差异的显著性检验。

为了比较混合式教学模式下两期学生成绩的均值是否有显著差异，选取混合式教学班 1 和混合式教学班 2 为两个样本，假设混合式教学模式下 2023～2024 学年第一学期学生成绩均值优于 2022～2023 学年第一学期学生成绩的均值，给定显著性水平 0.05，运用 SPSS 软件进行了假设检验，具体检验结果如表 7－10 所示。

表 7－10　混合式教学模式下两个班级统计学成绩差异的显著性检验

		莱文方差等同性检验		平均值等同性 t 检验		
		F	显著性	t	自由度	显著性（双尾）
统计学课程成绩	假定等方差	29.607	<0.001	－9.357	88	<0.001
	不假定等方差			－9.494	63.885	<0.001

由表 7－10 可知，方差等同性检验结果显示 p 值小于 0.05，因此拒绝原假设，说明两个总体方差不等。在方差不等的条件下 p 值小于 0.05，因此拒绝原假设，说明混合式教学模式下 2023～2024 学年第一学期的学生平均成绩要显著高于 2022～2023 学年第一学期的学生平均成绩。这说明虽然两个学期均实施了混合式教学模式，但 2023～2024 学年第一学期的混合式教学效果更优，原因是最近一期，团队教师教学改革经验更加丰富，模式运用得更加娴熟，在更有效地实施系统耦合同一案例的“三阶九环”混合式教学，课程平台的讨论区更加活跃，教学评价更加全面也更加科学，教学效果也更加显著。

7.2.4　总结与反思

通过对两个学期的传统教学模式与混合式教学模式下、两个混合式教学班级的成绩比较，发现混合式教学模式下学生学习的效果更好，学生成绩分布更加集中、更加均匀，混合式教学班 1 的部分同学还存在不及格现象，但是混合式教学班 2 的成绩有了飞速的提升，成绩均在 70 分以上，一方面是因为课程组教师在前期教学探索与实践中积累经验的基础上，不断改进，更加关注学生的“痛点”问题，在引导学生深度领悟描述统计和推断统计以及系统统计分析等核心知识基础上，注重与实际问题的结合，通过“一案例五翻转”的实验教学主导学生识别统计问题、会处理数据、设计系统统计分析过程，并运用统计软件分析和合理解读结果，并通过实际案例塑造学生的实事求是精神、评判创新思维等。另一方面是因为教师引导学生在线上、线下更多地参与讨论和互动，学生在讨论区发帖数量激增，回复问题活跃，学生对统计学的畏难情绪逐渐减弱，对实际问题具有了一定的统计敏感性，系统性分析能力增强。

学生在课程平台的课程评价中说道："非常开心有机会加入老师的课程，这种形式对于一直参加传统教学方式的我来讲是一种全新的课程体验，几位老师有不同的教学风格，各有特点，对大家的问题也都是有问必答，耐心严谨，课程设计也很全面，非常注重逻辑思维的培养和实践操作的提升""老师设计的混合式教学模式使课程内容更加易懂易记，我们在课后也能够很轻松地回忆起课程内容，让我感觉到统计学这门课原来没有想象中那么恐怖和枯燥，反而很有意思，也很有实用性。""每个人都能积极地参与到课堂中""让知识点得以串联起来""虽然这一学期的统计学课程的学习忙忙碌碌，但是不得不说也是收获颇丰。感谢老师们的辛勤付出，希望以后有机会在其他的课程中可以再见"，学生对课程教学的满意度较高。因此，在今后的教学中，在不增加学生课程负担的前提下，要继续合理进行"学—教—做—思"一体化的教学，要继续更有效地实施"学、测、问""疑、论、究""读、练、思"九个环节，更加关注表现相对不积极的学生，不断鼓励学生提出自己不会、不懂的问题，充分调动学生的积极性，发挥学生的主动性和能动性。

通过课程的学习和团队教师的指导，多位同学分别获得 2023 年调研中国百强团队，社会调研类调查问卷设计三等奖，第十届全国大学生能源经济学术创意大赛国赛二等奖和三等奖，第八、第九届全国大学生能源经济学术创意大赛国赛三等奖，第十三届"挑战杯"山西省大学生创业计划竞赛铜奖，第二届全国大学生财经素养大赛"理财案例分析"赛道一等奖等多个奖项；在教学中引入基于教师科研项目的教学案例，增强了学生数据分析的实践能力，为小论文的撰写奠定了方法基础。2024 届陆慧洋同学、2020 届本科生李志琴同学、2019 届本科生邵玉帅和次宇同学分别发表论文 1 篇。学生能够在一系列赛事中取得优异成绩，反映出其系统分析能力、知识运用能力、创新能力的培养上有了明显提升，也为课程教学改革成效提供了验证。

7.3　师资建设方面

统计学课程自 2017 年获校级优质课程以来，课程组坚持改革创新，教学能力和教学水平得到了不断提升。2023 年获得山西省教学成果一等奖。2020 年课程组编著了由中国财政经济出版社出版的普通高等学校“十三五”规划教材、财政部规划教材《统计分析方法与结果解读——基于 CSSCI 期刊 14 篇论文精讲》一部。主持教改项目共 5 项，分别是 2022 年的山西省高等学校教学改革创新项目（一般性项目）（J20220456）“新文科背景下基于混合环境的《统计学》研究型教学创新设计与实践”，2021 年的山西省研究生教育教学改革课题（2021YJJG160）“SPOC 环境下研究生统计方法课程‘探究型—混合式’教学模式的构建与实践”，2019 年的山西省研究生教育改革课题（2019JG120）“以 CSSCI 期刊论文为案例分析统计方法的应用、提高硕士研究生科研能力”，2018 年山西师范大学研究生统计学双语课程建设项目，2017 年山西师范大学统计学优质课程建设项目（2017YZKC－18）。发表教改论文 5 篇。

课程组成员积极参加各类比赛，分别获得全国第二届高校教师教学创新大赛山西赛区三等奖，山西省高等学校中青年教师双语教学基本功竞赛二等奖，山西师范大学第二届教学创新大赛一等奖，山西师范大学青年教师教学基本功竞赛文科组二等奖，山西师范大学青年教师教学基本功大赛一等奖，山西师范大学青年教师教学基本功大赛三等奖，山西省高等学校中青年教师双语教学基本功竞赛优秀教案奖等多个奖项。

在思想素养方面，课程思政化的建设推动教师不断加强思想政治理论学习，与马克思主义学院专业教师的合作教育研究和经验分享，进一步强调课程教学设计和培养过程中体现的思想价值属性，大大提高教师的专业能力和思政水平，提高教师的工作成就感和职业自豪感，更增强了自身积极主动性和使命担当感——课程团队每一位教师都成为课程思政理念的倡导者、课程思政建设的践行者和课程思政教学的研究者。

第8章

百问百答

由前述可知，统计学课程采用“三阶九环”的混合式教学模式，其中在“学”的环节，设置了课前提问，学生在课前通过线上观看教学微视频、完成章节测验提出自己不明白的问题，教师统计汇总这些问题并结合内容的重难点进行线下的精讲。因此，通过近几年的教学实践，归纳并整理了 100 多个学生需要帮助解决的问题及回答内容，作为课程学习的一个辅助资料供学习参考。

1. 为什么要学习统计学？

答：因为在生活中，我们不曾离开统计学。统计学是关于数据的科学，它遍布世界的每一个角落，应用于每一个领域，不管是普通人的生活，还是最高精尖的领域。

统计学主要内容为关于认识客观现象总体数量特征和数量关系的科学，通过收集、整理、分析统计资料，认识客观现象数量规律性的方法论科学。

由于统计学的定量研究具有客观、准确和可检验的特点，因此统计方法就成为实证研究的最重要的方法之一，广泛适用于自然、社会、经济、科学技术各个领域的分析研究中，如进行决策制定、数据分析、预测建模、质量控制、经济分析、社会研究、科学研究、医学研究、教育评估、沟通和报告等。

总而言之，学习统计学能够提高我们的批判性思维能力，帮助我们更好地理解、利用数据，在多个领域做出更加明智和有效的决策。

2. 可以通过哪些统计方法来分析数据呢？

答：数据统计分析所用的方法可分为描述统计方法和推断统计方法。描述统计研究的是将数据以图表或数值形式汇总的统计方法。推断统计是研究如何利用样本数据来推断总体特征的统计方法。例如，对产品的质量进行检验往往是破坏性的，不可能对每个产品进行测量，这就需要抽取部分个体即样本进行测量，然后根据获得的样本数据对所研究的总体特征进行推断，这就是推断统计所要解决的问题。

3. 统计数据的计量尺度有很多种，具体包括什么？

答： 按照计量学的一般分类方法，可将所采用的计量尺度由低级到高级、由粗略到精确分为四个层次：定类尺度、定序尺度、定距尺度和定比尺度。

（1）定类尺度。计量层次最低，是最基本的测量尺度，按照事物的某种属性对其进行的平行的分类，各类别可以指定数字代码表示；使用时必须符合类别穷尽和互斥的要求；数据表现为“类别”，主要数学特征是 = 或≠，不能进行数值上的加减乘除运算。例如，按照生产资料不同所有制，我国国民经济划分为国有经济、集体经济、私营经济或民营经济、个体经济等类别。

（2）定序尺度。对事物分类的同时给出各类别的顺序，比定类尺度精确，未测量出类别之间的准确差值，数据表现为有序的“类别”，数学特征是 > 或 <，但不能确定不同类别之间的具体差异大小。例如，对某项服务的满意度可以分为非常满意、满意、一般、不满意由高到低的等级排列。

（3）定距尺度。对事物的准确测度，比定序尺度准确，数据表现为“数值”，数据可以进行加减运算，但是不能进行乘除运算，倍数关系不成立。例如，气温可以有温差，但是不能有倍数关系。

（4）定比尺度。对事物的准确测度，是最高级别的测量尺度，数据表现为“数值”，有绝对零点，可以进行加减乘除运算。例如，身高、体重、年龄，可以有差值也可以有倍数关系。

高层次计量尺度有低层次计量尺度的全部特征，反之不成立。了解数据的测量尺度对于选择合适的统计方法和正确解释数据的分析结果至关重要。

4. 有序分类数据可以用数字代码来表示，那么它属于数值型数据吗？

答： 有序分类数据（也称为顺序数据）各类别间可以排序。例如，对商品的评价可以为“很好”“好”“一般”“差”“很差”这5个类别，可以采用数字代码依次进行表示。但数字大小只表明优劣，不能进行任何数学运算，相加、减、乘、除没有任何意义，因此有序分类数据并不属于数值型数据。

5. 划分数据类型的意义是什么？

答：对数据进行类型的划分，如将数据划分为分类型数据和数值型数据，决定了对某一变量采用何种统计分析方法。即使分类型数据使用数字代码表示，但是对其进行加、减、乘、除等数学运算没有意义。也就是汇总数据采用什么样的统计方法取决于数据是分类型数据还是数值型数据。一般情况下，如果是分类型数据，其统计分析方法就极其有限；当数据是数值型数据时，有更多的统计方法可以选择。

6. 什么是参数？什么是统计量？两者有何关系？

答：参数是研究者想要了解的总体的某种特征值，总体参数通常用希腊字母表示，所关心的参数主要有总体均值μ、总体标准差σ、总体比例π等。

统计量是根据样本数据计算出来的描述样本特征的概括性度量。通常用小写英文字母表示，所关心的样本统计量有样本均值$\bar{x}$、样本标准差s、样本比例P等。

由于总体数据通常是不知道的，因此参数通常是一个未知的常数，而统计量是根据样本数据计算出来的，所以统计量总是知道的。抽样的目的就是要根据样本统计量去估计、检验总体参数。

7. 数据分析的目的是寻找启发还是寻找支持？

答：数据分析的真正目的是把隐藏在大批杂乱无章的数据进行信息的集中、萃取和提炼，以便找出所研究对象的内在规律。即，数据分析是从数据中找出规律，从数据中寻找启发，而不是寻找支持。真正的数据分析事先是没有结论的，通过对数据的分析才能得出结论。

8. 数据收集是研究活动中必不可少的一个步骤，那么数据的来源有哪些渠道？

答：数据对研究活动的重要性不言而喻，数据的来源自然也是研究者关注的重点内容。所有统计数据追踪其初始来源，都是来自调查或实验。但是，从使用数据的角度来看，统计数据主要来自两个渠道：一个是数据的间接来源，即数据是由别人通过调查或实验的方式收集的，研究者只是找到它们并加以使用，对此称为数据的间接来源，如统计部门和各级政府部门公布的有关资料、业务资料等；另一个是数据的直接来源，即通过自己的调查或实验活动直接获得的一手数据。

如果必须在相对较短时期内获得数据时，利用间接来源的数据是一个比较理想的方法。若重要的数据不容易从现有来源中获得，则必须考虑获取数据所占用的时间和成本。数据收集和统计分析所付出的成本不应超过利用这些信息制定更好的决策所节省的费用。

9. 通过抽样收集数据的方式有哪些呢？

答：抽样采集数据的基本方式可分为概率抽样和非概率抽样。概率抽样也称随机抽样，是指遵循随机原则进行的抽样，总体中每个单位都有一定的机会被选入样本，且每个单位被抽中的概率是已知的，或者可以计算出来。在有限总体中抽样时，建议采用概率抽样，因为基于概率抽样的样本可以对总体进行有效的统计推断。例如，任课老师从学生名册中等概率抽选出一名同学回答问题。通常采用的概率抽样方式有简单随机抽样、分层抽样、整群抽样、系统抽样、多阶段抽样等。

非概率抽样是相对于概率抽样而言的，抽取样本时不依据随机原则，而是根据研究目的对数据的要求，采用某种方式从总体中抽出部分单位对其实施调查。例如，厂家在出售产品的柜台前对路过的顾客进行调查等。

经常采用的非概率抽样方式有方便抽样、判断抽样、滚雪球抽样、配额抽样等。

10. 简单随机抽样采用的是无放回抽样还是有放回抽样?

答：简单随机抽样是指从包括总体 N 个单位的抽样框中随机地一个个地抽取 n 个单位作为样本，每个单位的入样概率都是相等的。简单随机抽样的“简单”是为了保证这是一种概率抽样，每个容量为 n 的样本都以相同的概率被抽取。在抽样中，有放回抽样是一种取得简单随机样本的有效途径，但是无放回抽样更为常用。因此，在提到简单随机抽样时总是假定抽样是无放回的。

11. 在街头、商店等公共场所，经常会遇到拦截式的调查，这是一种什么调查方式呢?

答：公共场所遇到的拦截式调查属于方便抽样调查，它是一种非随机抽样方式，是调查员依据方便的原则，自行确定作为样本的单位。方便抽样容易实施、调查成本低，但因为样本单位的确定带有随意性，因此，方便样本无法代表有明确定义的总体，如果研究的目的是对总体有关的参数进行推断，使用方便样本是不合适的，这时应采用简单随机抽样。

12. 如何区分整群抽样和分层抽样?

答：分层抽样是将单位按照某种特征或某种规则划分为不同层，然后从不同层中独立、随机地抽取样本。整群抽样是将总体中若干个单位合并为组（群），抽样时直接抽取群，然后对抽中的群里的所有单位进行调查。

在分层抽样中，当每一层内的个体都尽可能地相似时得到的结果更佳。分层随机抽样的值依赖于层内个体的同质性，如果层内个体是同质的，则该层有较低的方差，在相对小的样本容量下就可以获得关于层特征的一个好的估计。

以群为单位抽取一个简单随机样本，抽中的群的所有个体组成一个样本。当群中的个体不同质时，整群抽样得到的结果最佳。理想状态下，每个群是整个总体小范围内的代表。

13. 什么是抽样框误差？它给抽样带来什么影响？

答：抽样框误差是因不准确或不完整的抽样框而引起的误差。从包含抽样误差的抽样框中抽取的样本有时无法正确地代表调研目标的实际情况，这就存在抽样框误差。在实践中由于设计或是资料本身等方面的原因，目标总体与抽样总体往往不一致，无法保证样本的代表性，而且由于目标总体单位数不准确，对总体进行估计时就会产生估计量偏倚，增大其方差。这种误差并不是来自抽样的随机性，而是产生于不完善的抽样框，因此称为抽样框误差。抽样框误差是一种非抽样误差。

一个好的抽样框应该是，抽样框中的单位和研究总体中的单位有一一对应的关系。例如，如果在某个学校抽取一个学生样本，则抽样框是该学校所有学生的名单，这时，名单中的每一个名字都对应着一个学生。该校所有学生的名字都在抽样框中有所反映，抽样框中的所有名字又确实是该校目前注册的所有学生，这就存在一一对应的关系。但如果学生的名单是去年的，新入学学生的名字没有在名单上，而名单上的学生有些已经毕业，就不再是该校的学生，这时，抽样框中的单位与研究总体的单位就不存在一一对应的关系，使用这样的抽样框抽取样本就会出现一些错误。例如，由于新入学学生的名字不在抽样框中，他们不可能被选入样本，他们那部分的信息就无法知道；而已毕业学生的名字仍然在名单中，他们已经不属于研究总体，但由于他们名字的存在，抽样过程中的单位入样概率发生变化，结果导致推论的错误。

14. 抽样误差和非抽样误差是否可以避免，两者是否存在关系？

答：抽样误差是由抽样的随机性引起的样本结果与总体真值之间的差

异。抽样误差是可以计算的。所以抽样误差是一种随机性误差，只存在于概率抽样中，只要采用概率抽样，抽样误差就不可避免。

非抽样误差是相对抽样误差而言的，是指除抽样误差之外的，由其他原因引起的样本观测结果与总体真值之间的差异。所以无论是概率抽样、非概率抽样，还是在全面调查中，都有可能产生非抽样误差。非抽样误差与抽取样本的随机性无关，所以是可以避免的，但在现实中由于造成非抽样误差的原因复杂，因而非抽样误差完全避免其实是很难做到的。

15. 分类整理和分组整理分别指什么?

答：分类整理主要是针对分类型数据，根据其类别进行分组。例如，将饮料类型为果汁的归为一类、将饮料类型为碳酸饮料的归为一类等，这就是分类整理。分组整理主要是针对数值型数据，将数据按照一定的组距分成若干个组。例如，将考试成绩分为 60 分以下、60 ~ 70 分、70 ~ 80 分、80 ~ 90 分、90 ~ 100 分五组，这就是分组整理。可见分类整理和分组整理是针对不同类型的数据来区分的。

16. 在用各类图、表展示数据时，涉及频率、比例等，那么频数与频率、比例与比率怎么区分呢?

答：频数指代表某种特征的数出现的次数。例如，某班级中学生分数落在 70 ~ 80 分这一组的次数即为该组数据发生的频数；频率是频数与总次数的比值。

比例是指总体各部分之间的比较，一般用 a∶b 的形式表示。例如，某班同学中男女比例是 1∶2；比率是指总体中的一部分在总体中的占比，一般用百分数的形式表示，如某班同学中，男生在全班同学人数的占比为 30%。

17. 制作频数分布表时，数据分多少组合适?

答：在制作频数分布表时，数据究竟分多少组较为合适，这个问题是没有定论的，它一般与数据本身的特点及数据的多少有关。由于分组的目的之一是观察数据分布的特征、用足够多的组显示数据的变异性，因此组数的多少应适中。如果组数太少，数据的分布就会过于集中；若组数太多，数据的分布就会过于分散，这都不便于观察数据分布的特征和规律。一般情况下，数据所分的组数 K 不应少于 5 组且不多于 15 组，即 $5 \leqslant K \leqslant 10$。可以按斯特杰斯（Sturges）提出的经验公式 $K = 1 + 3.3\lg n$ 来确定组数，其中 n 为数据的个数。一般根据此公式来确定组数。总之，组数的确定应以能够显示数据的分布特征和规律为目的。

18. 数值型数据制作频数分布表的步骤具体是什么？

答：具体步骤如下：

（1）确定组数。根据经验准则或公式确定合适的组数。

（2）确定各组的组距。组距是一个组的上限与下限的差。一般情况下，为减少使用者的不恰当诠释机会，建议每组的宽度相同。可根据全部数据的最大值和最小值及所分的组数来确定，即组距 =（最大值 − 最小值）/组数。例如，某个样本数据最大值为 158，最小值为 26，则组距 = $(158-26)\div 10=13.2$。为便于计算，组距宜取 5 倍或 10 的倍数，而且第一组的下限应低于最小变量值，最后一组的上限应高于最大变量值，因此组距可取 15。

（3）根据组数、组距划分各组数据，制作频数分布表。

19. 直方图与条形图都可以用来展示数值型数据吗？两者之间有什么区别？

答：直方图和条形图都可以用来展示数值型数据。虽然条形图主要用来展示分类型数据，但是因为数值型数据可以根据某个分类标准划分为分类型数据（例如，某城镇居民家庭的年平均收入是一个数值型数据，可以根据一定的标准划分为高、中、低三个类别的收入水平），所以条形图也适用于展示数值型数据。直方图与条形图两者的区别主要表现在以下几个方面：

（1）结构的不同。

条形图是通过条形的长度或高度来表示各类别的频数或比例，其宽度是固定的，用于表示类别；直方图是通过面积来表示各组频数的多少，矩形的高度表示每一组的频数或百分比，宽度表示各组的组距。

（2）展示的方式。

条形图的条形通常是分开排列的，各条形中间有一定的间隔，以强调每一类别是相互独立的事实；直方图的矩形通常是连续排列的，中间没有间隔。

20. 各类图形的适用范围是如何的？

答： 条形图：用于展示分类型数据的频数分布和频率分布；

复合条形图：用于两个变量的比较；

结构条形图：用于展示比较两个分类变量的频率和比率；

饼图：用于展示分类型数据的频率分布和比率分布，通常不喜欢用条形图时可用饼图；

直方图：用于展示数值型数据在一个区间组集合上的频数分布；

茎叶图：用于展示数值型数据的等级顺序和分布形态；

散点图：用于展示两个数量变量的相关关系。

21. 怎样合理设计图表？

答： 创建一个有效的图表是科学也是艺术。一个精心设计的图表是展示数据的有效工具，使用图表的目的是让人更容易看懂和理解数据。

（1）图表应有编号和标题。编号一般使用阿拉伯数字，如表1、表2、图1、图2等所示。图表的标题应清晰、简明，应明确标出图表中数据所属的时间（when）、地点（where）和内容（what），即遵循通常所说的3W准则。表的标题通常放在表的上方，图的标题可放在图的上方，也可放在图的下方，一般是在图的下方。

（2）在制作图表时，应尽可能简洁，能用二维显示时则不用三维表示，以清晰地显示数据、合理地表达统计目的为依据。应避免一切不必要的修饰。过于花哨的修饰往往会使人注重图表本身，而掩盖了图表所要表达的信息。

（3）每个坐标轴都有清晰的标记，并且给出测量的单位。

（4）如果要使用颜色区分各个类别，则要保证颜色是不同的。

（5）如果使用多种颜色或多重线型区分，在使用图例标明时，要将图例放置在所表示数据的附近。

（6）图形的比例应合理。一般而言，一张图形大体上为4∶3的一个矩形，过长或过高的图形都有可能歪曲数据，给人留下错误的印象。

22. 一组数据的分布特征可以从哪几个方面进行测度?

答：一组数据分布的特征可以从三个方面进行测度和描述：

（1）分布的集中趋势：反映各数据向其中心值靠拢或聚集的程度。测度集中趋势的统计量主要有平均数、中位数、四分位数、众数等。其中平均数是最常用的集中趋势度量值。

（2）分布的离散程度：反映各数据远离其中心值的趋势。描述离散程度的统计量主要有全距、四分位距、方差、标准差等。其中标准差具有与变量一样的单位，实际意义比方差更清楚，在实际问题分析中应用较多。

（3）分布的形状：反映数据分布的偏态和峰态。一般通过偏度系数和峰度系数对分布不对称程度和峰值高低进行度量。

23. 四分位数的计算方法是什么?

答：首先将数据从小到大进行排序，然后确定四分位数所在的位置，该位置上的数值就是四分位数。四分位数的位置确定方法如下：设下四分位数为 Q_L，上四分位数为 Q_u，根据四分位数的定义有：

Q_L位置 $=\frac{n+1}{4}$；Q_u位置 $=\frac{3(n+1)}{4}$。

如果位置是整数，四分位数就是该位置对应的值；如果是在 0.5 的位置上，则取该位置两侧值的平均数；如果是在 0.75 或 0.25 的位置上，则四分位数等于该位置下侧值加上按比例分摊的两侧数值差值。

24. 几何平均数常用于什么问题的分析中？

几何平均数是一种位置的度量，它是 n 个数值乘积的 n 次方根。在财务、投资和银行业的问题中，如果想确定过去几个连续时期的平均变化率时，都能用到几何平均数。其他通常的应用还包括物种总体、农作物产量、污染水平及出生率和死亡率的变化。需要注意的是，几何平均数还可以用于发生在所有时间长度的连续时期的任何数量的变化率。除了年变化率之外，几何平均数也常常用于发现季度、月、周以及天的平均变化率。

25. 众数、中位数和平均数的特点和应用场合有什么区别？

答：众数、中位数和平均数都是表征集中趋势的主要测度值，但它们具有不同的特点和应用场合：

（1）众数的优点是不受极值的影响，其缺点是不具有唯一性。一组数据可能有一个众数也可能有两个或多个众数，也可能没有众数。在多个众数的情况下，几乎不报告众数，因为列出 3 个或 3 个以上的众数，对于描述数据的位置并不能起到多大作用。当数据较少时，不宜使用众数。众数主要适合作为分类数据的集中趋势测度值。

（2）中位数是一组数据按照升序（从小到大的顺序）排列后位于中间位置上的数值。当观测值是奇数个时，中位数就是位于中间的那个数值；当观测值是偶数个时，定义中位数为中间两个观测值的平均值。中位数不受数据极端值的影响。当一组数据的分布偏斜程度较大时，使用中位数也许是一个好的选择。中位数主要适合作为顺序分类数据的集中趋势测度值。

作为位置的度量，中位数经常用在年收入及资产价值数据的报告中。

（3）平均数是对数值型数据计算的，而且利用了全部数据信息，它是实际中应用最广泛的集中趋势测度值。当数据呈对称分布或者近似对称分布时，这时应选择平均数作为集中趋势代表值。平均数的主要缺点是易受数据极端值的影响，对于偏态分布的数据，平均值的代表性较差。因此，当数据为偏态分布时特别是偏斜程度较大时，可以考虑选择中位数或众数，这时它们的代表性要比平均数好。

26. 四分位差、方差或标准差分别适用于什么场合？

答：四分位差、方差或标准差均是表征数据离散程度的度量。具体适用场合为：

（1）四分位差主要用于测度顺序分类数据的离散程度。对于数值型数据也可以计算四分位差，但不适合无序分类数据。

（2）方差或标准差能较好地反映出数据的离散程度。方差开方后的正平方根即是标准差。与方差不同的是，标准差是具有量纲的，它与数据的计量单位相同，其实际意义要比方差清楚，更容易与平均数和其他原始数据有相同测量单位的统计量进行比较，在对实际问题进行分析时更多地使用标准差。

27. 为什么要计算离散系数？

答：离散系数是对变异程度的相对度量，衡量标准差相对于平均数的大小。对于平均水平不同或计量单位不同的不同组别的数据，如果要比较他们的离散程度，是不能用标准差直接比较的。因为方差和标准差是反映数据离散程度的绝对值，一方面，其数值大小受到原变量值本身水平高低的影响，也就是与变量的平均数大小有关；另一方面，他们与原变量的计量单位相同，采用不同计量单位的变量值，其离散程度的测量值也不同。一般情况下，在比较具有不同标准差、不同平均数的变量的变异程度时，离散系数是一个很有用的统计量。

28. 为什么说将数据进行标准化处理就是把一组数据转化成平均数为 0、标准差为 1 的新数据?

答：这个问题可以从理论上进行证明。假如一组数据为 x_1，x_2，…，x_n，其标准差为 $s_x=\sqrt{\frac{\sum_{i=1}^{n}(x_i-\bar{x})^2}{n-1}}$（可以得出 $\sum_{i=1}^{n}(x_i-\bar{x})^2=(n-1)s_x^2$）。

对该组数据进行标准化处理，即：

$$z_i=\frac{x_i-\bar{x}}{s_x}。$$

则该新数据 z_i 平均数为：

$$\bar{z}=\frac{1}{n}\sum_{i=1}^{n}z_i=\frac{1}{n}\sum_{i=1}^{n}\frac{x_i-\bar{x}}{s_x}=\frac{\sum_{i=1}^{n}x_i-n\bar{x}}{n\,s_x}=0。$$

新数据 z_i 标准差为：

$$s_z=\sqrt{\frac{\sum_{i=1}^{n}(z_i-\bar{z})^2}{n-1}}=\sqrt{\frac{\sum_{i=1}^{n}(z_i)^2}{n-1}}=\sqrt{\frac{1}{n-1}\frac{\sum_{i=1}^{n}(x_i-\bar{x})^2}{s_x^2}}=1。$$

因此，数据经过标准化处理后就转化成平均数为 0、标准差为 1 的新数据。

29. 频率与概率有什么关系?

答：概率是一种现象的固有属性，例如，一枚均匀的硬币，随意抛掷的话正面出现的概率就是 1/2。这与实验是没有关系的。而频率，就是一组实验中关心的某个结果出现的次数与所有实验次数的比值，在一定程度上反映了事件发生的可能性大小，它与实验密切相关。尽管每进行 n 次试验，所得到的频率可以各不相同，但一般而言，随着实验次数的增多，频率会接近于概率。例如，抛掷均匀的硬币 10000 次，出现正面的频率就会非常接近于概率 0.5。因此，概率是可以通过频率来“测量”的，频率是概率的一个近似。

30. 互斥与相互独立有什么关系?

答：互斥又称为互不相容，即两个事件是不能同时发生的；相互独立是指两个事件各自发生与否与另一个事件的发生与否没有关系，如 A 和 B 相互独立就是 A 发生和 B 发生没有关系，A 发生不会影响 B 发生，A 和 B 也可能同时发生，不过 A 和 B 互不影响。

互斥事件可以是一个样本空间的所有事件，它们之间是相互依赖的，不独立的，而独立事件不可能是互斥的。例如，事件 A 表示有雨，事件 B 表示晴天（无雨），事件 C 表示有风。显然事件 A 与 B 是互斥的，因而也是不独立的；事件 A 与 C 显然不互斥，但是看起来也是有依赖关系的。又如，有一批产品，A 表示第一次抽到正品，B 表示第二次抽到的也是正品，在有放回抽样时这两个事件就是独立的，但并不是互斥的。

31. 举例说明服从泊松分布的随机变量。

答：举例给出服从泊松分布的随机变量，如：

(1) 在某一公司中每月观察到的事故的次数；

(2) 保险公司每天收到的死亡声明的个数；

(3) 某种仪器每月出现故障的次数。

32. 二项分布与泊松分布的关系是什么?

答：二项分布适用于相互独立的试验，并且该试验只有两种结果，试验结果对应于一个离散型随机变量。泊松分布是用来描述在一指定时间范围内或在指定的面积或体积之内某一事件出现的次数的分布。泊松分布的表达式是用二项分布取极限得出的，即当二项分布中的试验次数 n 比较大，事件 A 在一次试验中发生的概率 P 比较小时，二项分布的一个事件发生次数的概率可以用泊松分布的概率来模拟。

33. 在生活中遇到随机变量时，如何判断它是哪种类型的变量？

答：根据随机变量可能取的值，随机变量可分为离散型随机变量和连续型随机变量两类。

（1）离散型随机变量：如果随机变量 X 的所有取值都可以逐个列举出来，则称 X 为离散型随机变量。例如，在一批产品中取到次品的个数、单位时间内某交换台收到的呼吸次数等都是离散型随机变量。

（2）连续型随机变量：如果随机变量 X 的所有取值无法逐个列举出来，而是取数轴上某一区间内的任一点，则称 X 为连续型随机变量。例如，一批电子元件的寿命、实际工作中遇到的测量误差等都是连续型随机变量。

34. 什么是随机试验？

答：随机试验是指在相同条件下对某随机现象进行的大量重复观测的试验。随机试验需要满足三个条件为：（1）在相同的条件下重复进行；（2）事先知道可能发生的所有结果，而且结果不止一个；（3）每一次试验都不知道会是结果中的哪一个。例如，连续投掷同一枚骰子、连续投同一枚硬币等都属于随机试验。

35. 概率的统计定义为什么有局限性？

答：概率的统计定义是指在一定条件下，重复做 n 次实验，n_A 表示 n 次实验中事件 A 发生的次数，如果随着 n 的逐渐增大，频率 n_A/n 逐渐稳定在某一数值 P 的附近，则数值 P 就称为事件 A 在该条件下发生的概率。

在实际应用中要求在相同的条件下进行大量重复试验，而事实上很多现象并不能进行大量重复试验，特别是一些社会经济现象无法重复；有些现象即使能重复试验，也很难保证试验条件完全一样。所以在给概率统计定义时，有一定的局限性。

36. 统计量的抽样分布是什么？

答： 首先样本统计量是随机变量。其次，如果从总体中抽取样本容量为 30 的所有可能样本，并且计算每个样本的统计量的值，所得到的概率分布就是统计量的抽样分布。即任何特定的样本统计量的概率分布称为该统计量的抽样分布。在实践中，只从总体中抽取一个简单随机样本。

37. 统计量 $\bar{x}$ 的抽样分布在实际中的应用是什么？

答： 当抽取一个简单随机样本、用样本均值 $\bar{x}$ 的值估计总体均值 μ 时，不能希望样本均值恰好与总体均值相等。对样本均值 $\bar{x}$ 的抽样分布感兴趣的实际原因是，它可以用来提供样本均值 $\bar{x}$ 的值和总体均值 μ 的值之间接近程度的概率信息。同理，样本比例 P 的抽样分布的实际应用也是如此。

38. 样本容量与样本均值 $\bar{x}$ 的抽样分布的关系是什么？

答： 根据中心极限定理，随着样本容量的增加，样本均值 $\bar{x}$ 的标准误差 $\sigma/\sqrt{n}$ 在减少，则样本容量越大，样本均值 $\bar{x}$ 落在总体均值附近某一特定范围内的概率也越大。

39. 统计学中的置信区间是什么？如何与生活中的实例相结合呢？

答： 置信区间提供了一种估计总体参数的方法，并给出了这个估计的可靠程度。具体来说，置信区间是给出一个未知总体参数的估计范围，这个范围以一定的概率（置信水平）包含总体参数的真实值。常见的置信水平有 95%、99% 等。

在生活中，置信区间可以帮助我们更好地理解和处理不确定信息。例如，在进行民意调查时，我们通常会对样本进行调查，并基于这个样本来估计整体人口的观点。如果我们说某个候选人的支持率是 56%，并且估计误差是 ±3%，这意味着我们有 95% 的把握认为这个候选人的真实支持率在 53% ~59%。在产品质量方面，例如，在制造业中，我们可能会对产品的一个特性进行抽样测试，并计算这个特性的平均值的置信区间。如果这个区间很窄，说明产品的质量很稳定；如果区间很宽，则说明产品质量可能存在较大的波动。在医学研究中，置信区间可以帮助研究者估计某种治疗方法的疗效。例如，如果估计某种药物可以降低疾病风险 27%，并且估计误差是 ±5%，这意味着研究者有 95% 的把握认为这种药物可以降低疾病风险为 22% ~32%。

40. 参数估计的方法有哪些，这些方法有什么区别？

答：参数估计的方法有点估计和区间估计两种。两者区别为：点估计是用样本统计量的某个取值直接作为总体参数的估计值。区间估计是在点估计的基础上，给出总体参数估计的一个估计区间，该区间由样本统计量加减估计误差或边际误差而得到。区间估计是利用样本统计量的抽样分布进行区间估计，其目的是提供基于样本得出的点估计值与总体参数真值的接近程度方面的信息。

41. 总体标准差 σ 是否已知如何判断？σ 未知时如何估计？

答：在大多数的应用中 σ 是未知的，因此用样本标准差 s 计算估计误差。但是在一些应用中，抽样前可以根据大量有关的历史数据估计总体标准差。例如，在质量控制应用中，如果假定生产过程是正常运行或者在控制之中，则可以看作总体标准差是已知的。关于估计总体标准差的几点建议是：

（1）利用比较研究。如果在另外一项研究中已有关于总体离散程度的估计，不妨利用这一信息。例如，估计垃圾收集工人每周工作的时间，可以利用来自地方或者政府的信息估计，因为他们经常进行关于劳动力的抽样调查。

（2）利用极差方法。根据总体的最大值和最小值，利用经验法则，若假定总体近似正态分布，则几乎所有的观测值均位于均值加减 3 倍标准差之间，则在最大值和最小值之间距离近似为 6σ，因此可以得到标准差的估计为极差的 1/6。

（3）进行预调查。这是最常用的方法。正式调查之前，为了检验问卷的有效性，可先调查一小部分对象，利用这一小部分样本计算出样本标准差，利用这个值估计正式调查时所需的样本容量。

42. 置信区间与置信水平有什么关系?

答：置信区间是指在区间估计中，由样本统计量所构造的总体参数的估计区间，置信区间是一个随机区间，它会因样本不同而变化，而不是所有区间都包含总体参数。置信区间是在给定一定的置信水平的前提下构造的，如 95% 的置信区间就是指这个区间是在 95% 置信水平下建立的。置信水平是指如果将构造置信区间的步骤重复多次，置信区间中包含总体参数真值的次数所占的比例称为置信水平。

在样本容量一定时，置信区间的宽度随着置信水平的增大而增大，但置信区间精度减小。

43. 95%的置信区间是什么意思?

答：95% 指的是置信水平。95% 的置信区间是指，如果用某种方法构造的所有区间中，有 95% 的区间包含总体参数的真值，5% 的区间不包含。例如，估计一个总体均值 μ 的 95% 置信区间，表示从一个总体中抽取 20 个随机样本，可以得到总体均值 μ 的 20 个估计区间，95% 的置信区间意味着在这 20 个估计区间中有 1 个区间没有包含总体均值 μ。

44. 在理解置信区间时，应该注意哪些问题？

答： 对置信区间的理解，要注意以下几点：

（1）总体参数的真值是固定的、未知的，而用样本构造的区间是不固定的，抽取的样本不同时可以得到不同的区间，因此置信区间是随机的区间，会随样本的不同而不同。

（2）在研究实际问题时，进行估计时往往只抽取一个样本，此时所构造的是与该样本相联系的一定置信水平下的置信区间，由该样本构造的此区间是一个特定的区间，这个特定的区间总是包含或绝对不包含总体参数的真值，不存在以多大概率包含总体参数的问题。

45. 样本容量与置信区间有什么关系？

答： 在对总体均值区间估计的表达式中 [如 $\bar{x} \pm z_{\frac{\alpha}{2}}(\sigma/\sqrt{n})$]，样本容量出现在分母上，因此在实际应用中，当某一样本容量产生的区间太宽时，可以考虑增大样本容量，由于样本容量出现在分母上，增大样本容量 n 可以使估计误差减小，使置信区间变窄，精度提高。

46. 应该如何评价估计量的好坏，有什么标准？

答： 为了使统计结果更加可靠，选择合适的估计量十分重要。为了更好地找到更有效的估计量，统计学家给出了一些评价估计量的标准。首先是无偏性，即估计量抽样分布的数学期望与被估计的总体参数要相等；其次是有效性，即用于估计同一总体参数的两个无偏估计量，有更小标准差的估计量更有效；最后是一致性，即估计量的值随样本容量的增大越来越接近被估计的总体参数。具体如表 8－1 所示。

表 8－1　　评价估计量好坏的标准

标准	无偏性	有效性	一致性
具体形式	$E(\bar{x}) = \mu E(p) = \pi E(S^2) = \sigma^2$	$D(\hat{\theta}_1 \geqslant \hat{\theta}_2)$	$\lim_{n\to\infty}(\hat{\theta} - \theta) = \varepsilon$

47. 请总结总体均值区间估计的方法。

答：总体均值区间估计的方法有两种：

当总体标准差 σ 已知时，式 $\bar{x} \pm z_{\frac{\alpha}{2}}(\sigma/\sqrt{n})$ 利用标准正态分布和 σ 计算估计误差并进行区间估计；

当总体标准差 σ 未知时，式 $\bar{x} \pm t_{\frac{\alpha}{2}}(s/\sqrt{n})$ 利用样本标准差 s 和 t 分布计算估计误差并进行区间估计。

在绝大部分的应用中，样本容量 $n \geqslant 30$ 已经足够大，但是如果总体服从或近似服从正态分布，则可以采用更小的样本容量。对于总体标准差 σ 未知的情况，如果总体分布严重偏斜或包含异常点，建议将样本容量增大到 $n \geqslant 50$。

48. 参数估计时，如何理解、区分独立样本和匹配样本？

答：参数估计中，独立样本和匹配样本是两种不同的数据收集方法，它们在统计分析中的应用和解释有所不同。

独立样本指的是两个或多个组别的观测值之间相互独立，彼此之间没有任何的关联。在独立样本中，每个样本的观测值均是独立地从各自的总体中抽取，一个样本的观测值不会影响另一个样本的观测值。例如，如果我们想要比较两个不同班级学生的统计学考试分数，我们可以从每个班中独立地随机抽取一部分学生，这些学生就构成了独立样本。在独立样本情况下，我们通常采用独立样本 t 检验或 ANOVA（方差分析）来比较不同组别的均值是否显著不同。这些方法假设各组样本之间相互独立，并且来自不同的总体。

匹配样本也称配对样本，是指两个或多个组别的观测值之间存在某种关联或匹配关系。在匹配样本情况下，每个样本的观测值都与另一个样本的一个特定观测值相对应。这种匹配可以基于某些重要的变量，如年龄、性别、历史数据等，以确保各组在除了研究变量之外的某些关键特征上相似。例如，在研究某种减肥方法的效果时，我们可能会将接受减肥的顾客与未接受治疗的顾客进行匹配，以确保两组样本在关键特征上尽可能相似。在匹配样本情况下，我们通常使用配对 t 检验或重复测量 ANOVA 来比较不同组别的均值是否有显著不同。

因此，独立样本和匹配样本的主要区别是样本之间是否存在关联或匹配关系。理解这一点对选择适当的统计方法和正确解释分析结果至关重要。

49. 对于总体比例的估计，确定样本容量是否足够大的一般经验是什么？

答：样本容量的大小是影响统计结果的重要因素之一。在对总体比例的估计中，确定样本容量是否足够大的一般经验有两种：①区间 $p \pm 2\sqrt{p(1-p)/2}$ 中不包含 0 或 1；② $np \geqslant 5$ 和 $n(1-P) \geqslant 5$。

在实际应用中，对总体比例进行区间估计，通常要求样本容量为大样本。

50. 简述样本容量与置信水平、总体方差、估计误差的关系。

答：以总体均值的区间估计为例说明：

（1）样本容量与置信水平成正比，在其他条件不变的情况下，置信水平越大，所需的样本容量也就越大。

（2）总体方差是一组资料中各数值与其算术平均数离差平方和的平均数，总体方差体现的是总体的数值分布状况。样本容量与总体方差成正比，总体的差异越大，所要求的样本容量也越大。

(3) 估计误差是数据处理过程中对误差的估计。样本容量与估计误差的平方成反比，即可以接受的估计误差的平方越大，所需的样本容量就越小。

51. 推断统计中假设检验和参数估计的联系与区别是什么?

答: 假设检验和参数估计是统计推断的两个组成部分。其联系与区别如下:

(1) 联系。它们都是推断统计的方法；都是利用样本信息对总体进行某种推断。同时，可以用置信区间进行假设检验，在双侧检验中的具体方法为:

第一步，提出假设：H_0：$\mu=\mu_0$；H_1：$\mu\neq\mu_0$。

第二步，在总体中抽取一个随机样本，建立置信区间为 $\bar{x}\pm z_{\frac{\alpha}{2}}\frac{\sigma}{\sqrt{n}}$。

第三步，如果置信区间包含假设值 μ_0，则不拒绝 H_0；否则拒绝 H_0。

需要注意的是，在置信区间方法的拒绝法则中，如果假设值 μ_0 恰好位于 $100(1-a)\%$ 置信区间的端点，则拒绝 H_0。关于总体均值的置信区间和双侧假设检验之间的对应关系，对于其他总体参数也是成立的。两者之间的这种关系可以扩展到总体参数的单侧检验中，只不过要求建立的是单侧置信区间。单侧置信区间在实际应用中较少遇到。

(2) 区别。推断的角度不同。参数估计是用样本统计量估计总体参数的方法，总体参数在估计前是未知的。而在假设检验中，则是先对总体参数的值提出一个假设，然后利用样本信息去检验这个假设是否成立。

52. 假设检验依据的基本原理是什么?

答: 假设检验的基本原理可以用小概率原理来解释。所谓小概率原理，就是认为小概率事件 A 在一次试验中几乎是不可能发生的，即对总体的某个假设是真实的，那么不利于或不能支持这一假设的事件 A 在一次试验中是几乎不可能发生的；要是在一次试验中事件 A 竟然发生了，就有理由怀疑这一假设的真实性，拒绝这一假设。

53. 怎样确立原假设和备择假设及其方向？

答：首先确立备择假设。备择假设是研究者想收集证据予以支持的假设、试验试图建立的结果或者将样本信息所反映的方向作为备择假设（例如，假设的总体均值 $\mu = 1500$ 元，抽取样本得到的样本均值 $\bar{x} = 1580$ 元，则因为 $1580 > 1500$，所以备择假设为“$>$”，即为右侧检验），总是有符号“$\neq$”“$<$”或“$>$”。其次再确立原假设，即找到与备择假设完全对立的假设作为原假设，是对总体参数所做的尝试性的假设，是研究者想收集证据予以反对的假设，总是有符号“$=$”“$\geqslant$”或“$\leqslant$”，等符号总是出现在原假设 H_0 中。

54. 什么是假设检验中的两类错误？

答：假设检验中所犯的错误有两种类型，第一类错误是指原假设 H_0 为真却被拒绝，犯这种错误的概率用 α 表示，所以也称其为 α 错误或弃真错误；第二类错误是原假设为伪却没有拒绝，犯这种错误的概率用 β 表示，所以也称 β 错误或取伪错误。

55. 对于假设检验中的两类错误，为什么减少 α 错误，就会增大犯 β 错误的机会？

答：假设检验中的两类错误分别是：

第一类错误（α 错误）：弃真错误，即错误地拒绝了真实的原假设（H_0）。

第二类错误（β 错误）：取伪错误，即错误地接受假的原假设（H_0）。

假设检验的基本原理和统计决策区域划分决定这两类错误之间存在一种权衡关系。

当进行假设检验时，我们会给定一个显著性水平（α），这是我们认为可以接受的犯第一类错误的概率上限。如果减少 α 的大小，意味着我们将原假设的拒绝区域变小，这样我们就更难拒绝原假设。也就是我们需要更强的证据（更极端的统计结果）才能拒绝原假设。

然而当我们缩小拒绝区域时，接受原假设的区域就会变大。这意味着，即使原假设是错误的（即备择 H_1 是正确的），我们接受原假设的概率（犯第二类错误的概率 β）也增加了。因此减少 α 错误的同时，增大了犯 β 错误的机会。

这种权衡可以通过调整检验的显著性水平（α）和力量（$1-\beta$）来控制。力量是指正确拒绝错误原假设的概率，即 $1-\beta$。增加样本量、提高检验的敏感性、使用更有效的统计方法都可以增加检验的力量，从而减少犯 β 错误的机会，但这通常也会增加犯 α 错误的风险。

在实际应用中，研究者需要根据具体的研究目的、成本和后果来确定一个合适的显著性水平 α，以平衡犯这两类错误的风险。

56. 进行假设检验的基本步骤是什么?

答：假设检验的步骤可以总结为六步：

（1）提出备择假设与原假设；

（2）根据检验的要求给定显著性水平 α；

（3）收集样本数据计算检验统计量的值；

（4）根据检验统计量的值计算 P 值或者根据显著性水平 α 计算临界值；

（5）将 P 值和显著性水平 α 进行比较或者将检验统计量的值与临界值比较，作出决策；

（6）结合际问题得出结论。

57. 如何理解显著性水平 α？

答：显著性水平 α 是指当原假设正确时却被拒绝的概率或风险，即假设检验中犯弃真错误的概率，通常取 $\alpha=0.1$、$\alpha=0.05$、$\alpha=0.01$。

在实践中，显著性水平由负责假设检验的人设定。如果犯第一类错误的成本很高，则选择较小的 α 值，反之选择较大的 α 值。在实际应用中，一般将只控制第一类错误的假设检验称为显著性检验，许多假设检验的应用都属于这种类型。

58. 如何理解假设检验中的 P 值？

答：P 值是当原假设为真时所得到的样本观察结果或更极端结果出现的概率。它是通过计算得到的，P 值的大小取决于三个因素：一是样本数据与原假设之间的差异；二是样本容量；三是被假设参数的总体分布。

P 值度量样本所提供的证据对原假设的支持程度，是一个用于确定是否能够拒绝原假设的概率值。P 值越小说明拒绝原假设的证据越多，拒绝原假设的理由也就越充分。小的 P 值表明，当原假设为真时，检验统计量的值并不常见。P 值的优点是能说明结果有多么显著，即 P 值表示的是实际显著性水平。

59. 请对一个总体参数假设检验的情形进行总结。

答：常见的一个总体参数的假设检验主要有一个总体均值 μ、一个总体比例 π、一个总体方差 σ^2 的假设检验。

关于总体均值的假设检验结果如表 8－2 所示。这里假设检验方法的应用依赖于抽样总体的分布及样本容量。如果总体是正态分布，则在任意样本容量下表给出的都是精确的结果；如果总体近似服从正态分布，则在小样本容量下（如 $n\leqslant15$）仍可以得到满意的结果。当总体存在严重偏斜或有异常点时，建议样本容量 $n\geqslant50$。

表 8－2　　一个总体均值的假设检验（显著性水平 α）

检验形式	双侧检验	左侧检验	右侧检验
假设形式	$H_0: \mu=\mu_0$ $H_1: \mu\neq\mu_0$	$H_0: \mu\geqslant\mu_0$ $H_1: \mu<\mu_0$	$H_0: \mu\leqslant\mu_0$ $H_1: \mu>\mu_0$
检验统计量	σ 已知：$z=\dfrac{\bar{x}-\mu_0}{\sigma/\sqrt{n}}$　σ 未知：$t=\dfrac{\bar{x}-\mu_0}{s/\sqrt{n}}$		
拒绝法则：临界值法	若 $z\geqslant z_{\frac{\alpha}{2}}$ 或 $z\leqslant -z_{\frac{\alpha}{2}}$，则拒绝 H_0 若 $t\geqslant t_{\frac{\alpha}{2}}$ 或 $t\leqslant -t_{\frac{\alpha}{2}}$，则拒绝 H_0	若 $z\leqslant -z_\alpha$，则拒绝 H_0 若 $t\leqslant -t_\alpha$，则拒绝 H_0	若 $z\geqslant z_\alpha$，则拒绝 H_0 若 $t\geqslant t_\alpha$，则拒绝 H_0
拒绝法则：P 值法	若 P 值 $\leqslant\alpha$，则拒绝 H_0		

关于总体比例的假设检验，如果 $np\geqslant5$ 且 $n(1-P)\geqslant5$，则样本比例 P 的抽样分布近似服从正态分布，具体情形如表 8－3 所示。

表 8－3　　一个总体比例的假设检验（显著性水平 α）

检验形式	双侧检验	左侧检验	右侧检验
假设形式	$H_0: \pi=\pi_0$ $H_1: \pi\neq\pi_0$	$H_0: \pi\geqslant\pi_0$ $H_1: \pi<\pi_0$	$H_0: \pi\leqslant\pi_0$ $H_1: \pi>\pi_0$
检验统计量	$z=\dfrac{p-\pi_0}{\sqrt{\dfrac{\pi_0(1-\pi_0)}{n}}}$		
拒绝法则：临界值法	若 $z\geqslant z_{\frac{\alpha}{2}}$ 或 $z\leqslant -z_{\frac{\alpha}{2}}$，则拒绝 H_0 若 $t\geqslant t_{\frac{\alpha}{2}}$ 或 $t\leqslant -t_{\frac{\alpha}{2}}$，则拒绝 H_0	若 $z\leqslant -z_\alpha$，则拒绝 H_0 若 $t\leqslant -t_\alpha$，则拒绝 H_0	若 $z\geqslant z_\alpha$，则拒绝 H_0 若 $t\geqslant t_\alpha$，则拒绝 H_0
拒绝法则：P 值法	若 P 值 $\leqslant\alpha$，则拒绝 H_0		

关于总体方差的假设检验，在实践中，最常用于右侧检验。当问题涉及达时间、生产时间、罐装重量、零件尺寸等情况时，一般要求较小的方差，对于较大的方差则不可能接受。在给出总体方差最大容许值 σ_0^2 的情况下，可以检验原假设：H_0^2：$\sigma^2\leqslant\sigma_0^2$，备择假设：$H_0^2$：$\sigma^2>\sigma_0^2$。根据这种检验的形式，如果拒绝原假设，则显示总体方差过大，应该及时采取纠正措施。关于一个总体方差假设检验的情况如表 8－4 所示。

表 8-4　　一个总体比例的假设检验（显著性水平 α）

检验形式	双侧检验	左侧检验	右侧检验
假设形式	$H_0: \sigma^2 = \sigma_0^2$	$H_0: \sigma^2 \geqslant \sigma_0^2$	$H_0: \sigma^2 \leqslant \sigma_0^2$
	$H_1: \sigma^2 \neq \sigma_0^2$	$H_1: \sigma^2 < \sigma_0^2$	$H_1: \sigma^2 > \sigma_0^2$
检验统计量	假设总体服从正态分布 $\chi^2 = \dfrac{(n-1)s^2}{\sigma_0^2} \sim \chi^2(n-1)$		
拒绝法则：临界值法	若 $\chi^2 \leqslant \chi^2_{1-\frac{\alpha}{2}}(n-1)$ 或 $\chi^2 \geqslant \chi^2_{\frac{\alpha}{2}}(n-1)$，则拒绝 H_0	若 $\chi^2 \leqslant \chi^2_{1-\alpha}(n-1)$，则拒绝 H_0	若 $\chi^2 \geqslant \chi^2_{\alpha}(n-1)$，则拒绝 H_0
拒绝法则：P 值法	若 P 值 $\leqslant \alpha$，则拒绝 H_0		

对于两个总体参数的假设检验的情形，也可以按照这样的形式进行总结。

60. 不拒绝原假设，为什么不能说“接受原假设”？

答：在假设检验的大多数的应用中，对发生第一类错误的概率 α 进行了控制，但是通常没有控制发生第二类错误的概率，除非增大样本量。因此，如果决定接受原假设 H_0，并不能确定该决策有多大的可信度。因为显著性检验中控制的是第一类错误，第二类错误发生的情况具有不确定性，所以通常建议在做出决策时采用“不拒绝原假设 H_0”，而不是“接受原假设 H_0”，这样意味着对判断持保留意见，同时规避了发生第二类错误的风险。因此，无论何时，只要没有对发生第二类错误的概率 β 进行确定或控制，就不能做出接受原假设的结论。这样，只能得出两种可能的结论，即不拒绝原假设 H_0 或拒绝原假设 H_0。

61. 拒绝原假设是否意味着假设值与参数真值的差异具有实际意义的差异？

答：拒绝原假设时通常说检验是显著的，即总体参数的真值与原假设值的差异在统计上是显著的。统计显著是指差异是可识别的，但并不说明参数的真实值与原假设值的差异很大或这种差异具有重要意义。

62. 对于同一个问题，匹配样本与独立样本的检验效率一样吗？谁的效率更高，为什么？

答：不一样。匹配样本是指两个样本之间不相互独立，在这两个样本中，一个样本的每个数据与另一个样本的每个对应数值相匹配。独立样本是针对两个相互独立的样本。匹配样本有利于消除和控制由于样本指定的不公平造成的组的选择性偏差，在两个总体参数的检验问题中，根据可能的情况采用匹配样本的设计，可以有效地提高检验的效率。

63. 在分类数据分析中，为什么会有观察频数和期望频数之分呢？

答：在分类数据分析中，观察频数和期望频数是两个重要概念，尤其是进行卡方检验时。观察频数和期望频数分别代表实际观察到的频数和在没有关联的情况下预期会出现的频数。

观察频数是指在实际数据中，每个分类组合出现的次数。这些次数或频数通过对数据进行计数得到，反映的是不同类别之间的实际关系。

期望频数是在假设各分类变量之间相互独立的情况下，每个分类组合预期出现的次数或频数。

我们通常想要了解观察到的频数是否仅仅是由随机变异所导致的，还是实际上存在某种系统性关联。通过比较观察频数和期望频数，我们可以使用卡方检验等统计方法来判断分类变量之间是否独立。如果观察频数与期望频数差异很大，并且具有统计学意义，则表明分类变量之间可能存在关联、不独立。

64. 分类数据是否和数值型数据一样具有数值特征呢？

答：分类数据，如性别分为男、女两类。此时，为了便于处理，通常会用数字代码来表示各个类别，用“1”表示男性，用“0”表示女性，但这里的0、1只是一种符号，它们之间没有数量上的关系和差异。因此，分类数据的特征是调查结果虽然用数值表示，但不同的数值仅仅是描述了调查对象的不同特征，即数值只是分类的符号，并不能像数值一样，可以进行加减乘除的运算，不能用来表明事物之间的大小、优劣关系，不具备数值特征。

65. 当数据是分类型数据时，χ^2检验适用于哪些检验?

答：χ^2检验是基于χ^2分布的假设检验，检验统计量都基于χ^2分布，当数据是分类型数据时，该检验可以用于：

（1）检验三个及多个总体比率是否相等，且该检验永远是一个单侧检验，原假设 H_0的拒绝域在χ^2分布（自由度为 $k-1$，k 为总体个数）的上侧。χ^2检验也可以对两个总体比率相等进行检验，并且检验的结果与使用标准正态分布和检验统计量 z 检验两个总体比率相等的检验结果相同，而且检验统计量χ^2的数值是检验统计量 z 值的平方。

（2）检验两个分类变量是否独立，且该检验也是一个单侧检验，原假设 H_0的拒绝域在χ^2分布［自由度为 $(r-1)(c-1)$，r、c 分别为交叉列联表的行数、列数］的上侧。

（3）检验一个被抽样的总体是否服从某个特殊的概率分布。主要从两个角度考虑，一是考虑假设总体服从一个历史的多项概率分布（二项分布每次实验有三个或多个结果，概率之和等于 1）的情形，使用拟合优度检验确定新的样本数据的总体分布与历史的分布相比是否显示存在改变；二是考虑假设总体服从正态概率分布的情形，利用拟合优度检验确定样本数据是否显示正态概率分布的假设适当与否。

66. 方差分析研究的是什么?

答：方差分析（简称 ANOVA，别称 F 检验）是在 20 世纪 20 年代发展起来的一种统计方法，它是由英国统计学家费希尔进行试验设计时为解释试验数据而率先引入的。目前，方差分析方法广泛用于分析心理学、生物学、工程和医药等领域的试验数据。方差分析是通过检验各总体的均值是否相等来判断分类型自变量对数值型因变量是否有显著影响，即研究一个（或多个）分类型自变量与一个数值型因变量之间的关系。例如，几个行业之间的服务质量是否有显著差异是通过检验这几个行业的被投诉次数平均数是否相等来推断。

方差分析不仅可以提高检验的效率，同时由于它将所有的样本信息结合在一起，因此增加了分析的可靠性。

67. 检验多个总体均值是否相等时，为什么不作两两比较，而用方差分析方法？

答：检验多个总体均值是否相等时，如果作两两比较，则需要进行多次的 t 检验。随着增加个体显著性检验的次数，偶然因素导致差别的可能性也会增加（并非均值真的存在差别）。以三个总体均值的 t 检验为例说明错误累积概率的发生情况，具体的验证过程如下：

设 A_i 为第 i 次检验犯错误，$\overline{A_i}$ 为第 i 次检验不犯错误，若 $\alpha = 0.05$，$i = 1, 2, 3$，

则 $P(A_i) = 0.05$，$P(\overline{A_i}) = 0.95$，3 次检验犯错误的事件为：$A_1 \cup A_2 \cup A_3$；

$P(A_1 \cup A_2 \cup A_3) = 1 - P(\overline{A_1 \cup A_2 \cup A_3}) = 1 - P(\overline{A_1} \cap \overline{A_2} \cap \overline{A_3})$。

由于各次犯错误相互独立，

则 $P(A_1 \cup A_2 \cup A_3) = 1 - P(\overline{A_1} \cap \overline{A_2} \cap \overline{A_3}) = 1 - P(\overline{A_1})P(\overline{A_2})P(\overline{A_3}) = 1 - 0.953 = 0.1426 > 0.05$。

因此，经过三次检验，错误累计概率为 0.1426，大于给定的显著性水平 0.05。

方差分析方法是同时考虑所有的样本，因此排除了错误累积的概率，从而避免拒绝一个真实的原假设。

68. 组内误差和组间误差有什么区别？

答：组内误差是指由抽样的随机性造成的随机误差，是来自水平或总

体内部的数据误差，反映的是一个样本内部数据的离散程度。组内误差只含有随机误差。例如，同一行业内不同企业被投诉次数之间的误差。

组间误差是指不同水平之间的数据误差，这种差异可能来自抽样本身形成的随机误差，也可能来自行业本身的系统性因素造成的系统误差，因此组间误差是随机误差和系统误差的总和。例如，不同行业被投诉次数之间的误差。

69. *t* 检验与方差分析的区别是什么？

答： *t* 检验只能进行两组数据之间的比较，如 A 组和 B 组数据的差异等，方差分析可分析三组及三组以上均值的差异，如分析不同学历（本科以下、本科、本科以上）之间收入是否有显著差异。

70. 方差分析的基本假定有哪些？

答： 为了使方差分析过程更加容易、统计结果更加准确，方差分析进行了以下三个假定：每个总体都应服从正态分布；各个总体的方差必须相同即满足方差齐性；观测值是相互独立的。这里要说明的是，如果样本量相等，方差分析对于违背总体服从正态分布的假定不敏感。[①]

71. 方差分析中为什么要假定各个总体的方差必须相同？

答： 在方差分析（ANOVA）中假定各个总体的方差必须相同（即方差齐性假设），是因为方差分析的基础是 F 分布，而 F 分布是基于各个样本来自具有相同方差的正态分布总体推导的。若各个总体的方差不同，那么 F 检验统计量的分布将不再服从 F 分布，这会影响到假设检验的正确性以及结果的可靠性。

---

① 戴维 · R. 安得森、丹尼斯 · J. 斯威尼等著，张建华，王健，梁邦助译. 商务与经济统计（原书第 14 版）. 机械工业出版社，2023.

72. 如果方差分析不满足方差齐性的假设，该怎么办？

答：如果方差分析中的方差齐性假设不满足，那么研究者可以采取数据转换、非参数 ANOVA 或者重复测量 ANOVA 等方法，也可以使用 Welch's ANOVA 等不需要方差齐性假设的检验方法。在实际分析中，通常会在方差分析之前，通过 Levene's 检验、Bartlett's 检验、Fligner – Killeen 检验等方法来检验方差齐性，如果方差不齐，则可以根据具体情况选择合适的分析方法。

73. 方差分析可以用来检验两个总体均值相等吗？

答：关于两个总体均值相等的假设检验，可以使用 t 检验统计方法和 z 检验统计方法。方差分析（ANOVA）也可以用来检验两个总体均值相等的假设。但是在实践中，除非是处理三个或三个以上总体均值的问题时，通常不使用方差分析方法。

74. 无交互作用和有交互作用的双因素方差分析分别是什么？

答：如果两个自变量因素对因变量的影响是相互独立的，分别判断两个自变量因素对因变量的影响情况，称为无交互作用的双因素方差分析。例如，地区和包装对食品销售量的影响是相互独立的，则判断地区和包装对食品销售量是否有显著影响就是无交互作用的双因素方差分析。

如果除了两个自变量因素对因变量的单独影响外，两个因素的搭配还会对因变量产生一种新的影响效应，这时的双因素方差分析称为有交互作用的双因素方差分析。例如，研究不同的路段和不同的时段对行车时间的影响就是有交互作用的双因素方差分析。

75. 如何正确地理解函数关系与相关关系？

答：变量与变量之间的关系可以分为函数关系和相关关系。函数关系是指变量间存在的确定关系，是一一对应的关系，如一条直线的函数，确定了 x、y 也随之确定，y 完全依赖于 x。

相关关系是指变量间存在的不确定的数量关系，例如，居民储蓄与居民家庭收入之间的关系，收入相同的家庭，其储蓄额可能不同；反之，储蓄额相同的家庭，其收入水平可能不同。居民储蓄并不完全由居民家庭收入确定。虽然家庭收入与家庭储蓄额有一定的关系，但是家庭收入并不是影响储蓄的唯一因素，如还有银行利率、家庭消费水平等多个影响因素。

76. 相关分析主要解决哪些问题?

答：相关分析是研究两个或两个以上处于同等地位的随机变量间的相关关系的统计分析方法。例如，人的身高和体重之间、空气中的相对湿度与降水量之间的相关关系都是相关分析所要研究的问题。相关分析主要解决以下几个问题：

（1）变量之间是否存在关系；

（2）如果存在关系，则变量之间是怎样的关系；

（3）变量之间的关系强度如何；

（4）样本所反映的变量间的关系能否代表总体变量间的关系。

77. 相关系数较高是否意味着变量间存在着因果关系？为什么?

答：相关系数度量的是两个数值型变量之间线性相关关系的强度，其取值范围是 $-1 \sim +1$，当相关系数接近于 -1 或 $+1$ 时，表示变量间具有强的线性关系；而相关系数越接近于 0，表明变量间的线性关系越弱。因此，相关系数提供了线性关系而不是因果关系的度量，两个变量之间具有较高的相关系数，并不意味着一个变量的变化会引起另一个变量的变化。例如，酒店的质量等级和酒店房间价格是正相关的，但是单纯提高酒店房间价格并不会提高酒店的质量等级。

78. 为什么要对相关系数进行显著性检验?

答：一般情况下，总体相关系数 ρ 是未知的，通常是根据样本相关系数 r 作为 ρ 的近似估计值，样本相关系数 r 就必须要有能够替代总体相关系数的资格。但由于 r 是根据样本数据计算出来的，它受到抽样波动的影响。由于抽取的样本不同，r 的取值也就不同，因此 r 是一个随机变量。这就需要考察样本相关系数的可靠性，也就是进行显著性检验。

79. 回归分析是构建变量间的因果关系吗?

答：在实际管理中，管理人员做决策经常取决于对两个或多个变量之间关系的分析。通常情况下，管理人员可以通过直觉和经验判断两个变量之间的关系。但是如果能获得数据，就可以利用统计方法建立一个表示变量间相互关系的方程，这个统计方法就是回归分析。回归分析通过一个数量关系表达式表明变量间是如何或是以怎样的程度彼此联系在一起的，只能识别变量间是如何相互联系的，不能把回归分析看作变量间因果关系构建的过程或作为变量间存在一个因果关系的根据。变量之间有因果关系及相互影响的任何结论与观点，必须是建立在研究者对大量信息进行理论演绎和归纳的基础上的。

80. 利用估计的回归方程可以根据任意给定的 x 值预测 y 值吗?

答：假定自变量 x 和因变量 y 之间存在显著的关系，运用最小二乘法得到的估计的回归方程能充分描述 x 和 y 之间的关系，对于样本观测值范围内的 x 值，利用估计的回归方程预测因变量 y 的值被认为是合理的，也应该是完全有把握的。但是一般在自变量 x 取值范围之外，利用估计的回归方程进行预测时要特别谨慎，因为在自变量 x 取值范围之外，不能保证变量之间存在同样的关系。

81. 在实际研究中，如何根据判定系数大小来判断估计的回归方程的拟合效果？

答：判定系数是评估估计的回归方程的拟合优度，可以理解为因变量 y 的总平方和中能被估计的回归方程所解释的百分比。在实际问题的研究中，例如，在社会科学问题中有些典型数据表明，尽管判定系数 R^2 的数值低于 0.25，但通常也被认为是令人满意的；在自然科学和生命科学问题的研究中，经常会出现判定系数 R^2 的数值大于或等于 0.60 的情况；有时候还能遇到判定系数 R^2 的数值大于 0.90 的情况。在商务应用中，判定系数 R^2 的数值将根据每一个应用的独特性质而发生非常大的变化。

82. 相关系数和判定系数有什么关系？

答：在两个变量之间存在一个线性关系的情况下，判定系数和相关系数都给出了变量间线性关系强度的度量。判定系数的测度数值在 0 ~ 1，相关系数的测度数值在 −1 ~ +1，具体关系如下：

r_{xy} =（估计的回归方程的斜率的符号）$\sqrt{\text{判定系数}}$ =（β_1 的符号）$\sqrt{R^2}$。

相关系数的适用范围被控制在两个变量间存在线性关系的情况，但是判定系数对于非线性关系以及两个或两个以上自变量之间的相关关系都是适用的。因此，在这个意义上，判定系数有更广泛的应用范围。

83. 在回归分析中，F 检验和 t 检验各有什么作用？

答：在回归分析中，为了检验变量之间是否存在一个显著的回归关系，需要进行线性关系的检验和回归系数的检验。F 检验用于确定因变量和所有自变量之间是否存在一个显著的关系，即 F 检验是总体的显著性检验，或者说，它们之间能否用一个线性模型 $y = \beta_0 + \beta_1 x_1 + \varepsilon$ 来表示，也就是线性关系的检验。t 检验是用来确定每一个单个的自变量是否为一个显著的自变量，即单个的显著性检验，检验自变量对因变量的影响是否显著，也就是回归系数的检验。

84. 为什么在一元线性回归分析中 F 检验和 t 检验是等价的？

答：因为在一元线性回归分析中，只有一个自变量，所以只有一个回归系数、基于一个自变量表示的线性关系，t 检验的目的是能否断定，F 检验也是如此。如果 t 检验表明 $\beta_1 \neq 0$，则变量之间存在一个显著的关系，那么 F 检验也将表明变量间存在一个显著的关系。因此，在只有一个自变量的一元线性回归分析中，F 检验将得出与 t 检验同样的结论。

85. t 检验 $\beta_1 \neq 0$ 要求回归系数 β_1 的抽样分布是正态分布吗？

答：不要求，t 分布是比正态分布更平缓的分布，当样本容量达到 30 个及以上时，t 分布非常接近标准正态分布。

86. 回归分析结果中，常数项的 P 值到底要不要分析？为什么？

答：可以不分析。以一元线性回归分析为例说明，只要关注的回归系数项 β_1 的 P 值小于给定的显著性水平 α，就可以说回归效果显著。因为假设 x 对 y 没有显著影响，只要结果得出回归系数 $\beta_1 = 0$ 的概率小于显著性水平，就可以推翻原假设。常数项不参与 x 对 y 的影响分析，因此研究中常常不关注常数项的 P 值。

87. 回归分析的结果中为什么有类似方差分析（ANOVA）的表？

答：方差分析（ANOVA）和回归分析都是分析自变量对因变量是否有显著的影响，并且回归分析是进一步研究一个或多个自变量（解释变量）和一个因变量（响应变量）之间的关系，希望了解模型对数据的拟合程度以及模型中各个自变量对因变量的影响程度。为了评估这一点，要对数据的总变异进行分解。ANOVA 表将回归变异进一步分解为每个自变量的影响，以及这些影响是否统计显著。也就是，ANOVA 表在回归分析中用于评估模型的有效性以及各个自变量的贡献，它将回归分析中的误差分解为若干不同的部分，并提供统计检验来确定这些变异是否具有统计上的意义。这是统计推断中非常重要的一个内容，因为它帮助理解模型的效果，并对模型的可靠性进行量化评估。

88. 回归分析结果表明检验在统计上是显著的，是不是在实际中也是显著的？

答：回归分析结果的统计显著性，只能告诉我们模型或模型中的某个特定参数在统计学上有意义，即观察到的效应不大可能是由于随机变异所造成的。然而，统计显著性并不意味着该效应在实际应用中就一定重要或者有用。判断统计显著性是否意味着实际的显著性，需要考虑以下几个因素：

（1）效应大小。即使一个效应在统计上是显著的，但是如果效应量很小，那么在实际中可能并不重要。例如，某个药物可能在一个严格控制的实验中显示出对疾病的显著治疗效果，但是如果其效应量很小，那么在实际医疗环境中可能就没有太大的价值。

（2）实践意义。在某些情况下，即使效应量很小，它也可能在实际中有意义。例如，在金融领域，即使是微小的利率变化也可能对投资决策产生重大的影响。

（3）外部有效性。统计上的显著性是在特定样本、特定条件下所得出的结论。这些结果可能无法推广到更广泛的人群或不同的环境中。因此，即使统计上显著，也需要考虑结果的外部有效性。

（4）成本和收益。决定一个统计上显著的效应是否在实际中显著，还需要考虑实现该效应所需的成本与可能获得的收益之间的平衡。

（5）理论和实际：在有些情况下，虽然一个效应可能在统计上不显著，但由于它与现有理论或领域知识是相符的，它可能在实际中也是重要的。

89. 相关分析与一元线性回归分析的主要区别与联系是什么?

答：相关分析和一元线性回归分析都是研究变量间关系的统计学课题，无相关就无回归。其区别是：

（1）在相关分析中两个变量是平等的，在一元线性回归分析中两个变量对应的是自变量和因变量，并不平等。

（2）相关分析中两个变量均为随机变量，但是在一元线性回归分析中 y 为随机变量，x 可以是随机变量也可以是非随机变量。

（3）相关分析是测定两个变量之间线性的相关程度和方向。而一元线性回归分析可以揭示 x 对 y 的影响大小，且可以用回归方程进行预测和控制。

90. 随着样本容量的增加，在一元线性回归分析中会发生什么?

答：随着样本量的增加，一元线性回归分析会发生以下的变化：

（1）估计的精确性会提高。样本量的增加会提高对模型参数（如斜率和截距）的估计精确性。这是因为大样本能够提供更多的信息，从而减少随机误差对估计结果的影响。

（2）标准误差会减小。参数估计的标准误差与样本量的平方根是呈反比的。因此，随着样本量的增加，参数估计的标准误差会减小，这意味着参数估计的置信区间会变窄，对参数的估计会变得更加精确。

（3）统计检验力会增强。统计检验力是指正确拒绝无效假设的能力。随着样本量的增加，统计检验力也会增强，是因为更大的样本量能够更好地检测到实际存在的效应，减少了犯第二类错误（即错误地接受了无效假设）的风险。

（4）回归系数的稳定性会增加。在大样本下，回归系数的估计会更加稳定，对样本变化的敏感度会降低，模型的可靠性也会增强。

（5）模型的拟合度会提高。随着样本量的增加，模型能更好地捕捉数据的变异，从而提高判定系数 R^2 值，即模型解释的变异占因变量总变异的比例。

（6）可能会出现过度拟合问题。虽然大样本可以提高模型的拟合程度，但是也可能导致过度拟合问题，也就是模型在样本数据上表现良好，但在新的数据集上可能表现不佳。因此，在增加样本量的同时，需要通过交叉验证等方法来评估模型的泛化能力。

同时，需要注意的是，虽然增加样本量可以提高模型的相关统计性能，但它并不能解决数据的根本质量问题。如果数据存在系统性误差或偏差，增加样本量可能无法完全纠正这些问题。因此，在增加样本量的同时，还需要关注数据的收集情况和处理质量。

91. 如何理解“多重判定系数反映了因变量 Y 的变差中能被估计的回归方程所解释的比例”？

答：多重判定系数 R^2 是一个衡量多元线性回归模型拟合优度的重要指标。它表示因变量 Y 的变异中有多少比例可以被模型中自变量的组合所解释。具体来说，$R^2=\mathrm{SSR}/\mathrm{SST}$，其中，SSR 是回归平方和，它表示由回归模型解释的因变量 Y 的变异；SST 是总平方和，它表示因变量 Y 的总变异，包括由模型解释的变异和未由模型解释的变异。

R^2 的值介于0和1。一个 R^2 值接近1意味着模型解释了因变量的大部分变异，而一个接近0的 R^2 值意味着模型几乎没有解释任何因变量的变异。例如，如果 $R^2=0.7$，那么因变量 Y 的变差的70%可以被回归方程所解释，其余的30%则可能是由未观测到的变量、随机误差或者其他未知因素引起。

需要注意的是，R^2 并不是衡量模型质量的唯一标准。即使 R^2 很高，模型也可能存在过度拟合、自变量间多重共线性或者其他问题。因此，在评估模型时还应考虑其他指标和诊断工具，如调整后的 R^2、残差分析等。

92. 为什么在多元线性回归分析中通常用调整的多重判定系数 R_a^2？

答： 在多元线性回归分析中，使用调整的多重判定系数 R_a^2 是为了更准确地评估模型对数据的拟合优度，特别是在模型中包含多个自变量的时候。

在简单线性回归中，多重判定系数 R^2 衡量因变量的变异中由模型解释的部分。R^2 的值介于 0 和 1，数值越大表示模型对数据的拟合程度越好。然而，随着模型中自变量的增加，即使新增的自变量没有实际贡献，R^2 通常也会增加。这是因为随着自变量个数的增加，模型能“捕捉”到更多的随机变异，从而使 R^2 被过高地估计。

因此，为了避免以上问题，使用调整的多重判定系数 R_a^2。R_a^2 是对判定系数 R^2 进行调整的一个版本，它考虑了模型中自变量的个数以及样本量的大小，计算公式为：$R_a^2 = 1 - (1 - R^2)\left(\dfrac{n-1}{n-k-1}\right)$。

其中，n 是样本量，k 是模型中自变量的个数。当 k 增加时，分母 $n-k-1$ 会减小，导致 R_a^2 相较于 R^2 会更小。这样 R_a^2 提供了一个惩罚模型复杂度的方法，使我们不会因为简单地增加自变量的个数而高估模型的拟合优度。

R_a^2 的一个重要特性是它不会随着自变量个数的增加而单调增加。如果新增自变量对模型没有实质性贡献的话，则 R_a^2 甚至可能会减少，这有助于我们识别哪些变量应该保留在模型中，哪些变量可以从模型中移除。

因此，使用 R_a^2 有助于我们更稳健地评估多元线性回归模型的性能，特别是面对有多个候选自变量时。

93. 调整的多重判定系数 R_a^2 会取负值吗？

答： 理论上调整的多重判定系数 R_a^2 可以取负值，但这通常发生在模型拟合非常差的情况下，即模型解释的变异小于随机误差解释的变异。R_a^2 计算公式包含对 R^2 的惩罚项，这个惩罚项会随着模型中自变量个数的增加而变得更加严厉。如果模型中的自变量个数太大，而且这些自变量对因变量的解释能力又不强，那么 R_a^2 可能会接近 0，甚至可能取负值。

在大多数情况下，R_a^2 值会介于 0 和 1，接近 1 表明模型拟合很好，接近 0 表明模型拟合较差。如果 R_a^2 为负，通常意味着模型存在严重的问题，模型可能需要重新评估和改进，也就是需要重新考虑模型的选择和自变量的纳入。

94. 多重共线性带来的问题是什么?

答：多重共线性是指在多元回归模型中自变量之间存在较高的线性相关性。多重共线性可能会带来以下一些问题：

（1）导致参数估计的不准确性。多重共线性使回归系数的估计变得不稳定，标准误差会增大，从而导致参数估计的不准确性。这可能会使模型的预测能力下降。

（2）导致参数解释的困难。多重共线性可能会使回归系数的解释变得复杂，如一个变量的回归系数可能同时反映了它自己的效应及与其他变量的相关性。

（3）导致统计检验的失效。多重共线性可能会导致回归系数的 t 检验统计量不显著，即使该变量对因变量有实际预测作用。这是因为多重共线性使变量之间的效应难以区分，从而影响了 t 检验统计量的有效性。

（4）导致模型的不稳定性。即使很小的数据变化，多重共线性也可能导致回归系数的显著变化，多重共线性使模型对数据的微小变动非常敏感。

（5）导致过度拟合的风险。多重共线性可能会导致模型过度拟合样本数据，从而在新的数据上表现不佳。

（6）导致模型选择的困难。在变量选择的过程中，多重共线性可能会导致一些有实际意义的、但与其他变量高度相关的变量被错误地排除在模型之外。

95. 解决多重共线性问题有哪些办法？

答：为减轻多重共线性带来的问题，可以采取以下相关措施：

（1）选择变量。通过筛选的过程去除不重要的变量，减少模型中的变量个数。

（2）使用正则化方法。使用岭回归等正则化方法减少共线性的影响。

（3）进行主成分分析。通过主成分分析降维，把原始变量转换为主成分，减少变量间相关性。

（4）收集更多信息。增加样本量区分变量间的效应。

96. 统计显著性和实际显著性有什么区别？

答：统计显著性是指一个结果在统计上是否不太可能由随机变异造成，即如果一个结果是统计显著的，那么我们就可以拒绝原假设（通常是假设没有效应或者没有差异）。统计显著性通常是通过假设检验来评估的，如 t 检验、卡方检验、F 检验等，在给定显著性水平（通常是 0.05）下，如果计算得到的 P 值小于这个水平，就认为结果是统计显著的。统计显著性并不意味着结果在实践中有意义，它只是表明观察到的数据在原假设为真的情况下出现的概率很低。因此，如果样本量足够大，即使是一个非常小的效应，也可能达到统计显著性。

实际显著性是指一个效应或差异在实际应用中的重要性或大小。它评估的是效应的强度或重要性，考虑的是效应的经济、教育、临床或其他实际意义。例如，一个药物可能在一个大型的研究中显示统计显著性，但是如果其效果量很小，则在实际中可能就没有太大价值。另外，一个小的差异如果在实际应用中非常重要，即使没有达到统计显著性，它也可能是值得关注的。

因此，统计显著性关注结果的偶然性，而实际显著性关注结果的重要性和实用性。在数据的分析中，我们通常希望得到一个既具有统计显著性又具有实际显著性的结果，这样，结果既有统计学意义，又具有实际应用价值。

97. 什么是控制变量？研究中如何确定控制变量？

答：在统计学和实验设计中，控制变量（又称为协变量或独立变量）是指在研究中被研究者固定或者控制的变量，目的是消除这些变量对研究结果的潜在影响，从而更准确地评估感兴趣的主要变量（因变量）与自变量之间的关系。

98. 在研究中如何确定控制变量？

答：在研究中确定控制变量的过程是：一是进行文献回顾，即通过查阅相关文献，了解研究领域内已知的影响因素有哪些，这些因素就可能是潜在的混杂变量；二是利用理论依据，即基于理论框架，确定哪些变量可能对因变量有影响、可能与自变量相关；三是参考先前研究，即参考研究学者先前的研究结果，特别是那些已经明确了控制变量的研究；四是咨询专家，即向领域内的相关专家咨询，获取他们对可能需要控制的变量的建议；五是进行预实验，即在正式研究之前进行预实验，观察哪些变量可能会导致因变量的变化，从而确定控制变量；六是进行统计分析，即使用统计方法（如相关性分析）来确定哪些变量与因变量或者自变量高度相关，从而可能作为控制变量。

确定控制变量需要综合考虑理论、已有研究和实际数据。研究者应基于研究的目的和设计来选择控制变量，确保研究结果的有效性、可靠性。同时，也要注意不要过度控制变量，以免排除掉某些可能重要的交互效应或中介效应。

99. 控制变量过多会影响实证分析结果吗？

答：控制变量过多确实可能会影响研究结果，如以下一些潜在的负面影响：

（1）降低统计效力。当控制变量过多时，可能会分散样本量，降低每个变量对模型贡献的统计效力，可能会使真正重要的变量难以达到统计显著性。

（2）增加模型的复杂度。过多的控制变量可能会使模型过于复杂，难以解释，导致模型在新数据集上的表现不佳。

（3）掩盖真实效应。在某些情况下，过多的控制变量可能会掩盖或扭曲变量之间的真实关系。例如，一个中介变量如果被作为控制变量处理，就可能会低估自变量和因变量之间的直接效应。

（4）增加数据的收集难度。控制变量越多，研究分析所需的数据量通常也越大，会增加数据收集的难度与成本。

（5）导致多重共线性问题。即会导致变量之间的高度相关性，这会使回归系数的估计变得不稳定，标准误差增大，从而最终影响参数估计的准确性。

100. 什么是“伪回归”？

答：“伪回归”是指在时间序列数据的分析中，两个完全独立的随机过程在进行回归分析时显示出的显著相关性。“伪回归”在经济学、金融学和社会科学研究中尤为常见。

“伪回归”的出现主要是由于时间序列数据的非平稳性所造成的。非平稳时间序列数据会随着时间变化，如均值、方差、自协方差等。当对两个非平稳时间序列数据进行回归时，它们可能显示出一种误导性的关系，这种关系在样本期内似乎是显著的，但随着样本量的逐渐增加或样本期的延长，这种关系会消失。

“伪回归”的存在强调了在回归分析时检验数据平稳性的重要性，在解释回归结果时需要谨慎，避免错误地认为两个变量之间存在真实关系的结论。

101. 交互效应和调节效应是一回事吗?

答：交互效应和调节效应密切相关，但并不是完全相同的概念。

交互效应指的是存在两个或多个自变量的情况下，一个自变量的效应在另一个自变量的不同水平上有所不同。也就是交互效应是指自变量之间的影响是相互依赖的，一个自变量的效果取决于另一个自变量的值，强调的是自变量之间的关系。在统计模型中，交互效应通常表示为自变量的乘积项。

调节效应是指一个自变量对因变量的影响取决于另一个变量（即调节变量）的值，其关注的是自变量与因变量之间的关系是如何随着调节变量的不同水平而变化。在统计模型中，确定调节效应通常是通过检验交互项的显著性来实现，而交互项是自变量和调节变量的乘积项。

102. 在进行多元线性回归分析的时候要注意什么问题?

答：在进行多元线性回归分析时，需要注意以下几个关键问题：

（1）模型的适用性问题。首先要确认研究问题和数据是否适合使用多元线性回归模型。多元线性回归模型假设因变量与自变量之间存在线性的关系。

（2）数据的准确性问题。由于数据中异常值、缺失值和错误的数据输入都可能对回归结果产生重大的影响，因此要确保数据的质量和准确性。

（3）多重共线性问题。检查自变量之间是否存在多重共线性，即检查自变量之间是否高度相关。多重共线性可能导致回归系数的估计不稳定，标准误增大，从而影响模型的预测水平和统计检验的有效性。

（4）数据的正态性问题。多元线性回归假设误差项（残差）应呈现正态分布。如果残差不满足正态性假设，则可能需要对数据进行转换或考虑使用非参数回归方法。

（5）同方差性问题。残差项的方差应保持恒定，如果存在异方差性，则可能需要对模型进行调整或使用加权最小二乘法等稳健的标准误差估计。

（6）自相关问题。如果数据是时间序列数据或有空间自相关性，则残差项可能存在自相关。自相关会使标准误差估计不准确，影响模型的显著性检验和预测结果。

（7）样本量的大小。样本量应足够大，以满足模型参数估计和统计检验的需要。一般样本量应至少为自变量个数的 10～20 倍。

（8）交互作用和非线性关系。考虑自变量之间可能存在交互作用以及因变量与自变量之间的非线性关系，可能需要引入交互项或非线性项（如平方项、多项式项）来改进模型。

（9）结果的正确解释。要正确解释回归系数的含义，注意系数的大小、方向和显著性。同时要考虑模型的适用范围和潜在的限制条件。

103. 如何高效率地对数据进行预处理?

答：数据预处理是数据分析过程中非常重要的一步，包括数据的清洗、转换、归一化（标准化）、编码等相关操作。对数据进行高效的预处理可以提高模型的质量和数据分析的效率。一般建议如下：

（1）了解数据。首先了解数据基本特征，如数据的分布、缺失值、异常值、数据类型等。

（2）数据的清洗。①缺失值的处理：根据数据的特点和缺失的比例，选择填充、删除或插值等方法处理；②异常值的处理：使用统计方法（如 Z－分数方法）识别并处理异常值，可以选择删除、转换或保留异常值；③重复值的处理：删除重复的观测值，避免对模型拟合产生的偏差。

（3）数据的转换。如转换变量，可以根据模型需求，对分类变量使用标签编码。

（4）数据的归一化（标准化）。对于需要归一化或标准化处理的数据，使用适当的方法（如 Z – 分数标准化）来调整。

（5）数据的分类。对于连续型变量，可以将它们分为分类变量，增加模型的非线性能力。

（6）数据的采样。如果数据量非常大，则可以使用抽样技术（如随机抽样、分层抽样等）来减少计算量。

附件 1　教学设计样例

（一）基本信息、教学目标、教学重难点等

<table>
<tr><td>授课题目</td><td colspan="5">实验 2 的汇报与答辩（案例 4 的均值比较分析）</td></tr>
<tr><td>教学时数</td><td>1 学时</td><td>授课对象</td><td>经济学专业大三学生</td><td>授课地点</td><td>南区智慧教室 6305</td></tr>
<tr><td rowspan="2">教材及
参考资料</td><td>教材</td><td colspan="4">
《统计学》（第 8 版）
贾俊平　何晓群　金勇进编著
“十二五”普通高等教育本科国家级规划教材
国家统计局优秀统计教材
21 世纪统计学系列教材
中国人民大学出版社</td></tr>
<tr><td>参考资料</td><td colspan="4">1. 统计分析方法与结果解读——基于 CSSCI 期刊 14 篇论文精讲，郃秀军、郭泽英编著，中国财政经济出版社，2020.
2. 统计学，刘美芬、丁宁、康旺强主编，上海大学出版社，2021.
3. 戴维・R. 安得森、丹尼斯・J. 斯威尼等著，张建华、王健、梁邦助译．商务与经济统计（原书第 14 版），机械工业出版社，2023.
4. 国内外核心学术期刊、经济管理类杂志发表的有关 CSSCI 文献.
5. 课程网站及相关网站资源、网络视频、网络资料等.</td></tr>
</table>

续表

授课题目		实验 2 的汇报与答辩（案例 4 的均值比较分析）
教学目标	知识目标	能解释总体均值假设检验的基本思想、类型和步骤； 会进行一个总体均值、两个总体均值差的假设检验，会合理进行单侧检验； 通过实际社会经济问题的实践，能分析和总结均值比较分析方法的意义和应用。
	能力目标	能结合实践识别统计问题，会处理数据； 能结合实际问题确定统计方法； 能运用统计软件进行分析并合理解读结果。
	素质目标	通过党的二十大报告所指出的中国历史性地解决了绝对贫困问题，为全球减贫事业作出了重大贡献，激发学生的爱国主义精神。 通过实验研究型问题的设计，培养学生的评判创新思维和统计敏感性。
本节内容及其在课程的地位和作用	本节课基于团队教师国家社科基金项目提炼的案例 4，引导学生完成实验 2，即均值比较分析方法应用的基础上，进行小组的实验汇报与答辩，是本课程 5 次实验与翻转中的第 2 次，是案例 4 描述统计分析方法实验之后的推断统计方法的实际应用，并且是推断统计方法中第一个方法在实际问题中的实践，为后续推断统计分析方法的应用奠定了理论和实践的基础。 在许多研究工作中，经常提出问题：能否用样本均值估计总体均值？两个变量均值接近的样本是否来自均值相同的总体？换句话说，两组样本某变量均值不同，其差异是否具有统计意义？能否说明总体的差异？这就要使用均值比较分析方法，利用样本信息对总体特征进行推断。	
学情分析	知识方面：本节课前学生在教师指导下阅读了 CSSCI 文献，对均值比较分析方法在实际研究的应用有了一定的认识。学生在观看一个总体均值、两个总体均值差的假设检验实验的微视频和完成测验后，以小组为单位合作解决了案例 4 实验 2 的三个研究型问题，学习并实践了一个总体均值、两个总体均值差的假设检验的实验内容，对 z 检验、t 检验有一定的认识。 认知方面：根据线上同学们提交实验报告初稿的内容及在课程平台提出的问题，发现学生对软件中检验统计量的选择较为关注，对 z 检验与 t 检验及其之间的关系提出的问题较多。不同的学生提出的问题有一定的差异。 教师梳理汇总所有问题并进行了学情分析，设计调整线下的教学思路。	

续表

授课题目	实验 2 的汇报与答辩（案例 4 的均值比较分析）	
教学要点	教学重点	一个总体均值的检验（单一样本 t 检验） 两个总体均值差的检验（独立样本 t 检验、匹配样本 t 检验）
	教学难点	运用均值比较分析方法回归解实际问题
教学方法	基于 SPOC 平台进行线上线下混合式教学，结合实际问题灵活使用案例式、研讨式、问题式的教学方法，恰当运用多媒体、学习通的投屏、主题讨论、随机选人等功能以及板书等手段，辅以提问、小组研讨、答疑等多种方式，进行启发式、探究式教学，加强研究型学习。	
教学资源	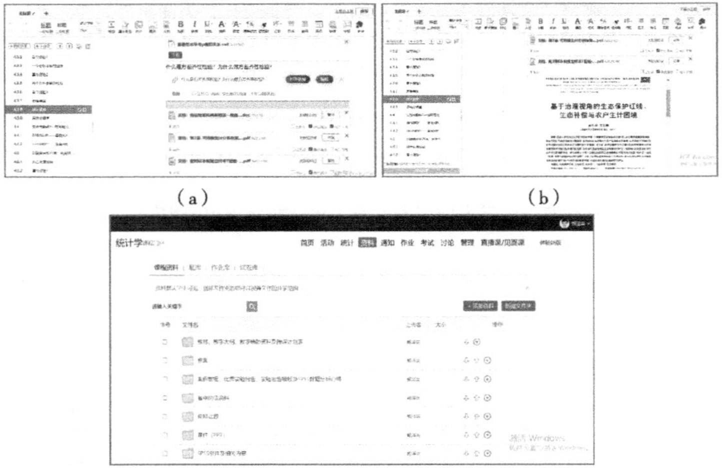 （a）（b）（c） **图 1　均值比较分析方法的线上学习资源**	

（二）教学过程

教学过程始终围绕案例4，实施“三阶九环”混合式教学，具体实施框架如图2所示。

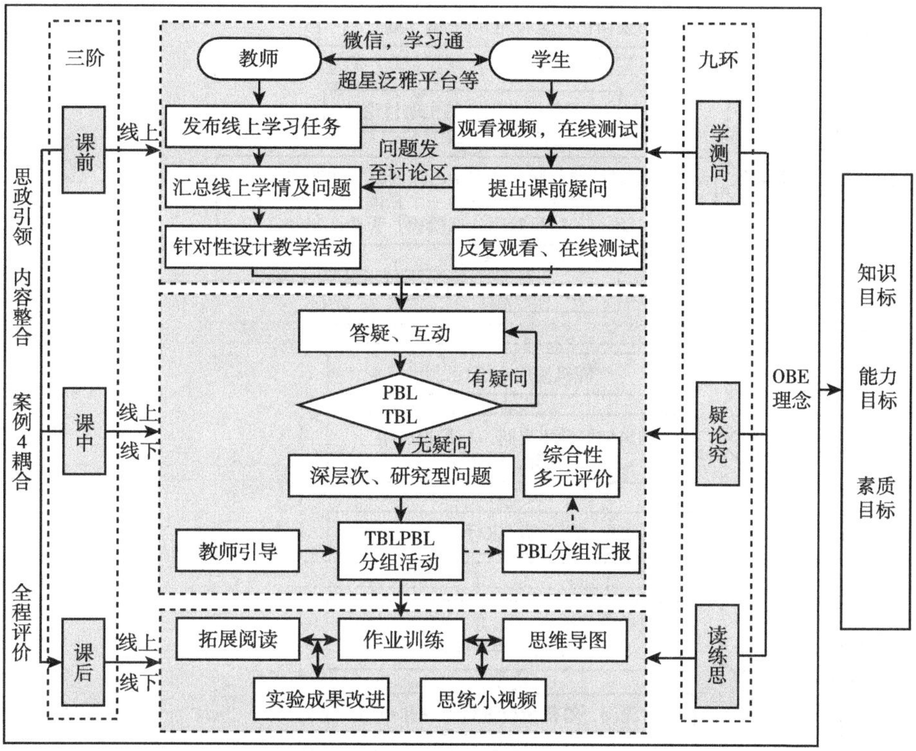

图2　系统耦合案例4的“三阶九环”混合式教学

具体教学实施流程如图3所示。

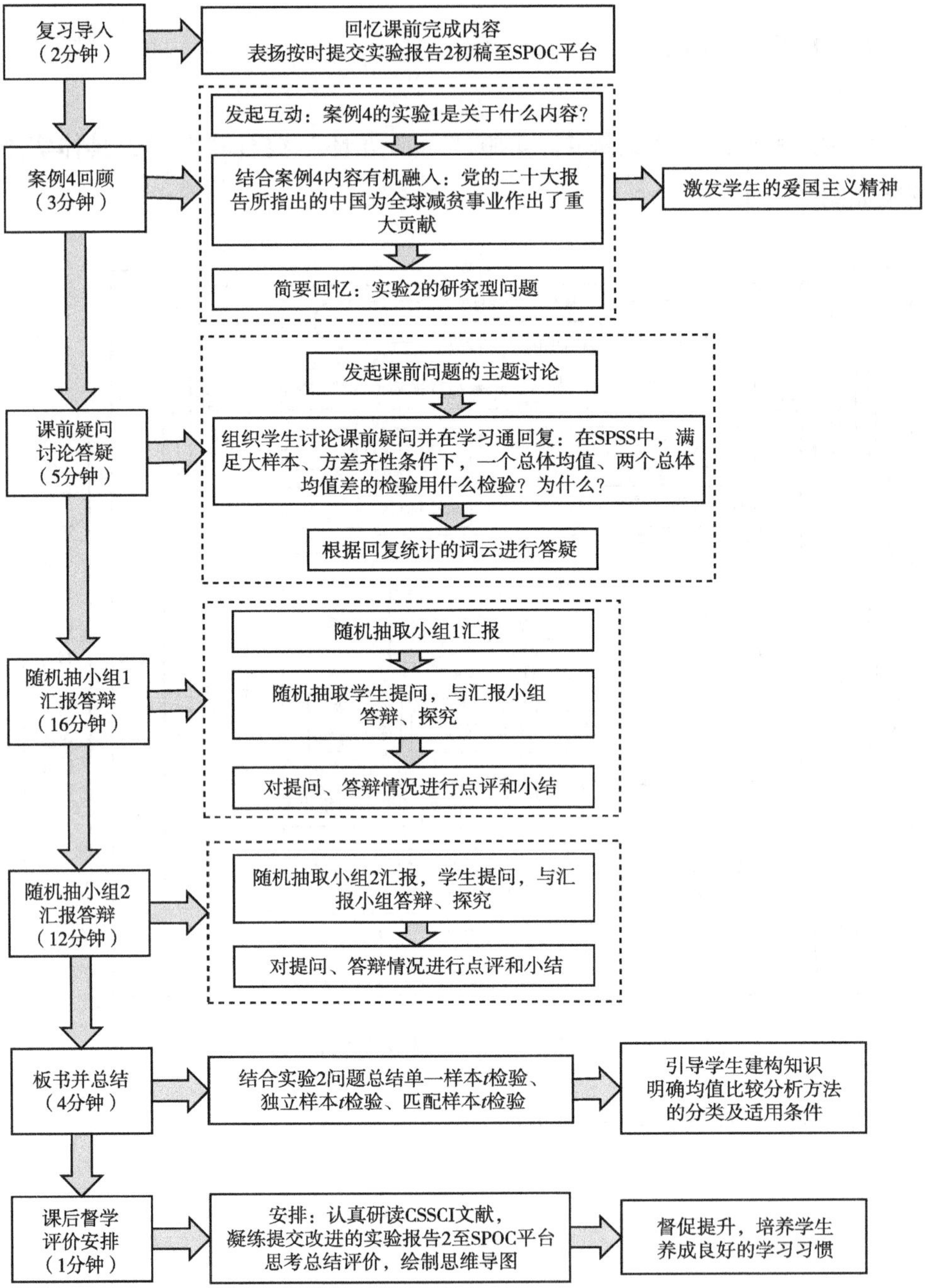
复习导入
（2分钟）
回忆课前完成内容
表扬按时提交实验报告2初稿至SPOC平台
发起互动：案例4的实验1是关于什么内容？
案例4回顾
（3分钟）
结合案例4内容有机融入：党的二十大报告所指出的中国为全球减贫事业作出了重大贡献
激发学生的爱国主义精神
简要回忆：实验2的研究型问题
发起课前问题的主题讨论
课前疑问
讨论答疑
（5分钟）
组织学生讨论课前疑问并在学习通回复：在SPSS中，满足大样本、方差齐性条件下，一个总体均值、两个总体均值差的检验用什么检验？为什么？
根据回复统计的词云进行答疑
随机抽取小组1汇报
随机抽小组1
汇报答辩
（16分钟）
随机抽取学生提问，与汇报小组答辩、探究
对提问、答辩情况进行点评和小结
随机抽小组2
汇报答辩
（12分钟）
随机抽取小组2汇报，学生提问，与汇报小组答辩、探究
对提问、答辩情况进行点评和小结
板书并总结
（4分钟）
结合实验2问题总结单一样本t检验、独立样本t检验、匹配样本t检验
引导学生建构知识
明确均值比较分析方法
的分类及适用条件
课后督学
评价安排
（1分钟）
安排：认真研读CSSCI文献，
凝练提交改进的实验报告2至SPOC平台
思考总结评价，绘制思维导图
督促提升，培养学生
养成良好的学习习惯

图3　教学实施流程

<table>
<tr><th rowspan="2">教学阶段</th><th rowspan="2">教学内容</th><th colspan="2">教学活动</th><th rowspan="2">设计意图（包括素质目标达成）</th></tr>
<tr><th>教师活动及内容</th><th>学生活动</th></tr>
<tr><td rowspan="3">课前阶段</td><td rowspan="3">完成实验报告 2（案例 4 的均值比较分析）</td><td>课前在课程 SPOC 平台发布通知，督促学生完成实验报告 2 并将初稿提交至课程平台。</td><td>学：基于 TBL、PBL 合作解决实验 2 的问题。</td><td rowspan="3">课前线上学情分析利于准确把握学生个性化需求，因材施教，优化教学策略，把握好教学进度，有利于突出重难点，解决学生畏难情绪。</td></tr>
<tr><td>随时关注线上学情，梳理问题和学生学习的数据。</td><td>测：完成均值比较分析方法的测验。</td></tr>
<tr><td>1. 对学生反馈的问题进行梳理和汇总，将疑问最多的问题归纳为：在 SPSS 软件中，满足大样本、方差齐性的条件下，一个总体均值和两个总体均值差的检验用什么检验？为什么？
2. 将此问题设计为课堂教学中“主题讨论”的讨论主题，课堂预留 3 分钟进行讨论并线上回复。
3. 提醒各小组将实验报告 2 拷贝到教室多媒体电脑。</td><td>问：SPOC 平台讨论区提出自己需要解决的问题
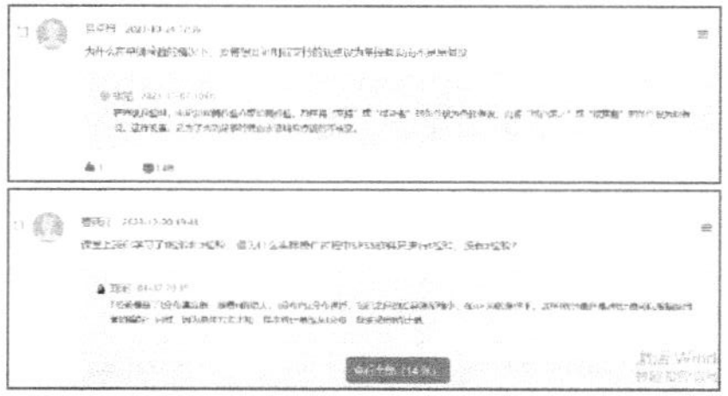</td></tr>
<tr><td>课中阶段讨论答疑深度探究</td><td>复习导入及案例 4 回顾（5 分钟）</td><td>1. 回忆课前任务安排，表扬各小组按时将实验报告 2 的初稿提交到课程平台，以资鼓励；
2. 强调案例 4 是本学期围绕的一个案例，与学生互动，简要回忆已完成案例 4 实验 1 描述统计内容。
3. 说明本节课程内容，回顾案例 4，突出党的二十大报告所指出的中国历史性地解决了绝对贫困问题，为全球减贫事业作出了重大贡献，融入课程思政。
4. 带领学生简要回忆实验 2 中的三个研究型问题，引出本节课的汇报和答辩环节。</td><td>1. 在教师引导下，参与互动：案例 4 的第一个实验是关于什么内容的实验呢？
2. 跟随教师的陈述，回顾教师科研项目“基于民族视角黄土高原生态移民生计恢复”提炼的案例内容，感受中国对全球减贫事业作出的重大贡献。
</td><td>1. 导入环节营造学习情境，引出内容；
2. 党的二十大报告内容的有机融入，激发学生的爱国主义精神。</td></tr>
</table>

续表

<table>
<tr><th rowspan="2">教学阶段</th><th rowspan="2">教学内容</th><th colspan="2">教学活动</th><th rowspan="2">设计意图（包括素质目标达成）</th></tr>
<tr><th>教师活动及内容</th><th>学生活动</th></tr>
<tr><td rowspan="2">课中阶段讨论答疑深度探究</td><td>课前疑问的讨论及答疑（5 分钟）</td><td>1. 教师将整理好的学生课前疑问主题发布在学习通“学习活动”的“主题讨论”，引导学生讨论解决并及时在学习通平台回复自己的认识和理解。

2. 结合学生回复的内容进行总结和答疑。</td><td>疑、论：学生在教师的主导下，对课前疑问进行思考讨论，积极回复教师的主题讨论和互动。
</td><td>1. 解决课前疑问，帮助学生更好理解均值比较分析方法适用条件。
2. 使用学习通活动控件利于调动学生参与度，不断提高教师掌握现代信息化教学手段能力。</td></tr>
<tr><td>汇报答辩（28 分钟）</td><td>1. 按照以往的规则抽选汇报小组：用学习通的“随机选人”控件选中汇报同学，其所在小组所有成员进行答辩。
</td><td>究：各小组根据教师抽选结果汇报和答辩。在答辩的过程中不断探究学习。
学生进行汇报。
</td><td>1. 训练学生发现问题、解决问题的能力以及团队协作能力、表达能力。
2. 实验报告设计开放性、研究型问题，有助于激发学生勇于探索、批判创新的精神，训练学生的审辩思维；</td></tr>
</table>

续表

<table>
<tr><th rowspan="2">教学阶段</th><th rowspan="2">教学内容</th><th colspan="2">教学活动</th><th rowspan="2">设计意图（包括素质目标达成）</th></tr>
<tr><th>教师活动及内容</th><th>学生活动</th></tr>
<tr><td>课中阶段讨论答疑深度探究</td><td>汇报答辩（28 分钟）</td><td>2. 非汇报小组同学听取汇报过程中将自己的疑问记录下来，汇报结束后根据教师随机抽选的结果提问。
3. 抽取两个小组进行汇报和答辩，汇报和答辩的进度可以安排的慢一点，便于发现更多的问题，尤其是第一个小组。同时给予过程性评价。
4. 教师根据提问和回答的情况，及时点评，指出突出问题。为了让更多同学有机会汇报和展示，共性问题放在所有小组汇报结束后再进行点评和总结。

5. 学生汇报过程中，教师随时注意观察其余同学听取汇报的情况，包括表情、是否记录相关内容等。
6. 教师注意随机应变，合理引导学生提出疑问、进行研究型学习。如果学生们提出的问题较为全面，教师可以不做过多的点评，将更多的时间留给学生。</td><td>
学生在教师引导下进行提问、讨论和探究。

</td><td>3. 使用学习通课堂活动控件并进行评价，有利于调动学生参与的积极性，使学生获得成就感。
4. 对随机选中汇报及答辩的同学均及时进行客观性的过程性评价。</td></tr>
</table>

续表

教学阶段	教学内容	教学活动		设计意图（包括素质目标达成）
		教师活动及内容	学生活动	
课中阶段讨论答疑深度探究	汇报答辩小结（5 分钟）	1. 教师对两个小组的实验报告汇报和答辩进行小结，表扬提高改进的地方，指出依然存在的问题。如果学生没有提出：“如何思考第 3 个开放性问题？数据怎么处理？”类似的问题，教师要在这里提出引导学生思考并指出合理的设计思路。  2. 教师结合实验 2 内容，结合板书总结均值比较分析方法的分类、适用条件，同时简要提出还可以进行匹配样本 t 检验的内容。期待下节课小组的汇报。  	跟随老师总结的内容积极思考和互动。   	1. 通过系统性的板书和小结，引导学生建构知识； 2. 结合案例 4 实验 2 的问题，引导学生清楚均值比较分析方法的分类和适用条件。
课后阶段督学评价	督促巩固提升改进	1. 随时关注学习通，督促学生再仔细研读之前讨论过的与均值比较分析方法相关的 CSSCI 文献；改进实验报告 2，并按时提交；及时回答学生的问题，绘制思维导图。 2. 对学生的课堂活动参与情况进行评价；根据实验报告的评价量规对小组实验报告进行教师评价、组间评价。	读、练、思：认真研读实验前理论教学中分析的 CSSCI 文献，及时凝练修改本组的实验报告，最终将改进的实验报告 2 提交到课程平台，并思考和总结、评价，绘制思维导图。有问题及时与老师线上、线下沟通。	及时督促和帮助学生消化所学知识，培养学生良好的学习习惯。

（三）教学评价设计

目标达成	通过课上学生小组汇报及答辩情况，可以非常清楚地看到，学生掌握了一个总体均值和两个总体均值差的假设检验，能结合实际问题合理进行假设检验，能运用统计学思想和方法解决实际问题；具有一定的问题导向意识和解决复杂实际问题的研究型能力，提问有深度，回答有力度。案例中党的二十大内容的引入，大大激发了学生的爱国主义情怀。
过程评价	充分利用学习通教学工具对学生课前预习、课中参与探究和互动、课后实践的学习效果，包括 SPOC 平台章节测验、讨论区发帖与回复、思维导图、文献阅读等完成的及时性和质量进行综合评价。结合实验报告的评价量规，从总体设计、分析内容、案例转化、图表设计、汇报答辩五个方面对小组提交的实验报告 2 进行教师评价、组间评价。促进学生实现知识的自我建构，培养学生的批判创新能力。

（四）板书

均值比较分析方法
- 单一样本 t 检验：样本均值与总体均值比较
- 独立样本 t 检验：两个独立样本均值比较
- 匹配样本 t 检验：配对样本成对数据均值比较

（五）教学反思

特色创新	1. 通过课程组教师科研项目实施过程的介绍创设真实情境，做到研究型学习是以真实的问题为载体，激发学生学习动机的同时，让学生在解决实际问题和对社会客观规律研究的过程中获得知识和能力的培养，让学生主动建构意义，并做到科研反哺教学，有效实现了“学—教—做—思”一体化混合式教学的效果； 2. 结合实验、案例及文献，有效实施耦合案例 4 的“三阶九环”混合式教学； 3. 有机融入党的二十大报告内容，实现价值观的同频共振。
改进措施	更好地把控各教学环节的时间，进一步调动学生参与互动、提问的主动性。 在每个同学提问、汇报小组回复结束后，要更加注意关注班级其他同学是否理解或者是否有其他不同的观点。

附件 2 《统计学》学情分析调查问卷（开课前）

1. 《统计学》对以后的专业学习有帮助。

A. 非常认同　B. 比较认同　C. 说不清　D. 比较不认同

E. 非常不认同

2. 学习《统计学》对以后的毕业论文写作有帮助。

A. 非常认同　B. 比较认同　C. 说不清　D. 比较不认同

E. 非常不认同

3. 学习《统计学》对以后的工作有帮助。

A. 非常认同　B. 比较认同　C. 说不清　D. 比较不认同

E. 非常不认同

4. 您高中的教育背景是什么？

A. 文科　B. 理科

5. 《概率论与数理统计》中关于正态分布或标准正态分布的知识难理解。

A. 非常认同　B. 比较认同　C. 说不清　D. 比较不认同

E. 非常不认同

6. 《概率论与数理统计》中关于卡方分布、t 分布或 F 分布的知识难理解。

A. 非常认同　B. 比较认同　C. 说不清　D. 比较不认同

E. 非常不认同

7. 《概率论与数理统计》中关于中心极限定理的知识点难理解。

A. 非常认同　B. 比较认同　C. 说不清　D. 比较不认同

E. 非常不认同

8. 某调查结果显示满意度为 100%，说明满意度非常高。

A. 非常认同　B. 比较认同　C. 说不清　D. 比较不认同

E. 非常不认同

9. 调查结果显示某农村年人均收入为 3 万元，远远超过国家的平均水平，说明该村是一个富裕村。

A. 非常认同　B. 比较认同　C. 说不清　D. 比较不认同

E. 非常不认同

10. 您认为一个科学系统的思维分析方法应该是怎样的步骤?

①理论分析各概念之间的关系，建立逻辑框架

②使用复杂的方法推断分析各变量之间的关系

③从现实中提炼问题

④通过图表初步判定和描述变量之间的联系

⑤对结果进行讨论，明确概念之间的关系

A. ③④①②⑤　B. ③④①⑤②　C. ③①④②⑤　D. ②①③④⑤

11. 您感觉《统计学》这门课程难学吗?

A. 是　B. 否（跳至 13 题）

12. 您感觉难学的原因有哪些?（可多选）

A. 公式多　B. 概念多　C. 方法多　D. 图表多

13. 请问您对自己目前大学生活的评价是什么?

A. 很充实，比较满意　B. 忙碌，却没有方向

C. 马马虎虎，还算过得去　D. 浑浑噩噩，无所事事

14. 您属于下列哪种情况?

A. 主动寻找学习任务并完成任务

B. 主动完成学习任务

C. 在老师的要求下完成学习任务

D. 不得不完成学习任务

E. 不能完成学习任务

15. 已经习惯教师讲、学生听的教学模式，并且觉得这种模式就挺好。

A. 非常认同　B. 比较认同　C. 说不清　D. 比较不认同

E. 非常不认同

16. 您认为数据分析的目的是寻找启发吗？

A. 是　B. 否

17. 您认为统计学在以下哪些方面和思想政治教育有关系？（可多选）

A. 实事求是　B. 严谨认真　C. 诚实守信　D. 辩证思维

E. 系统观念　F. 社会责任　G. 专业知识的应用和传播

H. 执着探索　I. 守正创新

附件3 《统计学》教学满意度调查问卷（结课后）

1. 《统计学》对以后的专业学习有帮助。

A. 非常认同　B. 比较认同　C. 说不清　D. 比较不认同

E. 非常不认同

2. 学习《统计学》对以后的毕业论文写作有帮助。

A. 非常认同　B. 比较认同　C. 说不清　D. 比较不认同

E. 非常不认同

3. 学习《统计学》对以后的工作有帮助。

A. 非常认同　B. 比较认同　C. 说不清　D. 比较不认同

E. 非常不认同

4. 您高中的教育背景是什么？

A. 文科　B. 理科

5. 某调查结果显示满意度为100%，说明满意度非常高。

A. 非常认同　B. 比较认同　C. 说不清　D. 比较不认同

E. 非常不认同

6. 调查结果显示某农村年人均收入为3万元，远远超过国家的平均水平，说明该村是一个富裕村。

A. 非常认同　B. 比较认同　C. 说不清　D. 比较不认同

E. 非常不认同

7. 您认为一个科学系统的思维分析方法应该是怎样的步骤？

①理论分析各概念之间的关系，建立逻辑框架

②使用复杂的方法推断分析各变量之间的关系

③从现实中提炼问题

④通过图表初步判定和描述变量之间的联系

⑤对结果进行讨论，明确概念之间的关系

A. ③④①②⑤　B. ③④①⑤②　C. ③①④②⑤　D. ②①③④⑤

8. 您感觉《统计学》这门课程难学吗？

A. 是　　　　B. 否（跳至10题）

9. 您感觉难学的原因有哪些？（可多选）

A. 公式多　　B. 概念多　　C. 方法多　　D. 图表多

10. 请问您对自己目前大学生活的评价是什么？

A. 很充实，比较满意　　　　B. 忙碌，却没有方向

C. 马马虎虎，还算过得去　　D. 浑浑噩噩，无所事事

11. 您属于下列哪种情况？

A. 主动寻找学习任务并完成任务

B. 主动完成学习任务

C. 在老师的要求下完成学习任务

D. 不得不完成学习任务

E. 不能完成学习任务

12. 您认为数据分析的目的是寻找启发吗？

A. 是　　　　B. 否

13. 您认为统计学在以下哪些方面和思想政治教育有关系？（可多选）

A. 实事求是　　B. 严谨认真　　C. 诚实守信　　D. 辩证思维

E. 系统观念　　F. 社会责任　　G. 专业知识的应用和传播

H. 执着探索　　I. 守正创新

14. 课前安排观看视频、提出需要帮一帮的问题等环节有利于我自主学习，引发我学习的欲望。

A. 非常认同　　B. 比较认同　　C. 说不清　　D. 比较不认同

E. 非常不认同

15. 课上，教师结合课前提出的问题组织学生讨论，然后答疑精讲，体现教学方法的创新性。

A. 非常认同　B. 比较认同　C. 说不清　D. 比较不认同
E. 非常不认同

16. 利用统计软件，结合教师科研项目的调研数据进行统计分析的实验环节设计增强了我的成就感。

A. 非常认同　B. 比较认同　C. 说不清　D. 比较不认同
E. 非常不认同

17. 实验环节内容的设计加深了我对统计学知识的理解和运用能力。

A. 非常认同　B. 比较认同　C. 说不清　D. 比较不认同
E. 非常不认同

18. 我非常清楚每节课的学习内容和学习目标。

A. 非常认同　B. 比较认同　C. 说不清　D. 比较不认同
E. 非常不认同

19. 课堂上的师生交流使我收获很大。

A. 非常认同　B. 比较认同　C. 说不清　D. 比较不认同
E. 非常不认同

20. 课后思维导图的绘制对我有帮助。

A. 非常认同　B. 比较认同　C. 说不清　D. 比较不认同
E. 非常不认同

21. 我喜欢每节课老师的板书。

A. 非常认同　B. 比较认同　C. 说不清　D. 比较不认同
E. 非常不认同

22. 我喜欢每节课老师的总结。

A. 非常认同　B. 比较认同　C. 说不清　D. 比较不认同
E. 非常不认同

23. 我喜欢线上线下混合式教学和研究式的实验环节设计。

A. 非常认同　B. 比较认同　C. 说不清　D. 比较不认同
E. 非常不认同

24. 我认为课程思政元素的融入恰到好处。

A. 非常认同　B. 比较认同　C. 说不清　D. 比较不认同

E. 非常不认同

25. 以小组为单位，录制一次关于统计学知识和课程思政元素的思统小视频是有意义的。

A. 非常认同　B. 比较认同　C. 说不清　D. 比较不认同

E. 非常不认同